Petra Höfers

Arbeitszeugnisse schreiben

Rechtsgrundlagen
Zeugnistypen

Mosaik
bei GOLDMANN

Die Ratschläge in diesem Buch wurden von der Autorin und vom Verlag sorgfältig erwogen und geprüft, dennoch kann eine Garantie nicht übernommen werden. Ein Haftung der Autorin bzw. des Verlags und seiner Beauftragten für Personen-, Sach- und Vermögensschäden ist ausgeschlossen.

Dieser Titel ist bereits als Falken Buch (1895) erschienen.

Umwelthinweis:
Alle bedruckten Materialien dieses Taschenbuches sind chlorfrei und umweltschonend.

1. Auflage
Aktualisierte Taschenbuchausgabe Juni 2004
Wilhelm Goldmann Verlag, München,
ein Unternehmen der Verlagsgruppe Random House GmbH
© 1998/2000 by Falken Verlag
Umschlaggestaltung: Design Team München
Satz: Uhl + Massopust, Aalen
Druck: GGP Media, Pößneck
Verlagsnummer: 16612
WR · Herstellung: Ina Hochbach
Printed in Germany
ISBN 3-442-16612-8
www.goldmann-verlag.de

Inhalt

Vorwort _____ 9

1. Das Arbeitszeugnis _____ 11

Wer bekommt ein Zeugnis? _____ 12
Arbeitnehmer und arbeitnehmerähnliche Personen _____ 13
Auszubildende und Praktikanten _____ 13
Leitende Angestellte _____ 13
Organmitglieder _____ 14
Leiharbeitnehmer _____ 14

Welche Form sollte das Arbeitszeugnis haben? _____ 14

Wann wird das Zeugnis erteilt? _____ 16
Tarifliche Ausschlussfristen, Verjährung und Verwirkung des
Zeugnisanspruchs _____ 16

Wer stellt das Zeugnis aus? _____ 17
Zeugnis selbst schreiben lassen? _____ 17

Kann der Arbeitnehmer auf sein Zeugnis verzichten? ___ 18

2. Für jeden Zeugnistyp die richtige Formulierung _____ 20

Einfaches Zeugnis _____ 20
Aufgabenbeschreibung _____ 21
Beschäftigungsdauer _____ 22
Unterbrechungen _____ 23
Beendigungsgründe _____ 23

6 Inhalt

Qualifiziertes Zeugnis — 25
Beurteilung der Leistungen — 28
Beurteilung der Führung — 37
Berufsspezifische Beurteilungskriterien — 43
Zusammenfassende Gesamtbeurteilung — 44

Zwischenzeugnis — 46

Berufsausbildungszeugnis — 48
Einfaches Ausbildungszeugnis — 50
Qualifiziertes Ausbildungszeugnis — 50

Arbeitsbescheinigungen — 51
Allgemeine Arbeitsbescheinigung — 51
Arbeitsbescheinigung gemäß § 312 SGB III — 53

Abschlussfloskeln richtig formulieren — 54
Rechtsprechung — 55

Zeugnissprache — 59
Lesen und Interpretieren von Zeugnissen — 59
Unzulässige Verschlüsselungen im Zeugnis — 60
An alles gedacht? – Checkliste für den Zeugnisverfasser — 63

3. Zeugnisbeispiele mit Erläuterungen — 64

Land- und Forstwirtschaft — 66
Gartenbaubetrieb: Gärtner — 66

Energieversorgung — 66
Erdgasproduktionsbetrieb: Aushilfe im
EDV-Bereich — 66

Industrie und Handwerk — 68
Bäckerei: Ausbildung zum Bäcker; Geselle — 68
Druckerei: Fachhilfskraft — 68
Fahrzeugbaubetrieb: Stahlbauschlosser — 70
Fleischerei: Fleischer — 70
Kfz-Werkstatt und Tankstelle: Kfz-Mechaniker — 72

Kunststoffverarbeitender Betrieb: Assistentin der
Geschäftsführung _____ 72
Maschinenbaubetrieb: Maschinenschlosser _____ 74
Maschinenbaubetrieb: Technischer Zeichner _____ 74
Maschinenbaubetrieb: Projektingenieur _____ 76
Maschinenbaubetrieb: Bürokauffrau _____ 76
Metall verarbeitender Betrieb: Fräser _____ 78
Motorenbaubetrieb: Konstrukteur _____ 78
Optiker: Augenoptikerin _____ 80
Tischlerei: Praktikant _____ 82

Baugewerbe _____ 82
Baugewerbe: Elektriker _____ 82
Baugewerbe: Elektro- und Regelungsmonteur _____ 84
Baugewerbe: Maurer _____ 84
Baugewerbe: Heizungsbauer _____ 86

Handel _____ 86
Einzelhandel Buchhandel: Buchhändlerin _____ 86
Einzelhandel Einrichtungsgegenstände:
Kraftfahrer _____ 88
Einzelhandel Einrichtungsgegenstände:
Einkaufsberater _____ 90
Einzelhandel Lebensmittel: Bäckereifachverkäuferin _____ 90
Einzelhandel Lebensmittel: Fleischereifachverkäuferin ____ 92
Einzelhandel Lebensmittel: Marktleiter _____ 92
Einzelhandel Textilien: Ausbildung zur
Einzelhandelskauffrau _____ 94
Einzelhandel Textilien: Filialleiterin _____ 96
Einzelhandel Textilien: Innendekorateur _____ 98
Einzelhandel Textilien: Modeberaterin _____ 98
Großhandel Lebensmittel: Kaufmännische Angestellte _____ 100
Großhandel medizinische Geräte: Marketing-Assistent _____ 102
Großhandel Sanitär und Heizung: Ausbildung zur Kauffrau
im Groß- und Außenhandel _____ 104

Verkehr/Spedition _____ 106
Spedition: Ausbildung zur Speditionskauffrau _____ 106
Spedition: Kaufmännischer Angestellter _____ 108
Verkehr: Busfahrer _____ 110

Kreditinstitute und Versicherungen —— 110
Kreditinstitute: Ausbildung zum Sparkassenkaufmann —— 110
Versicherungsgewerbe: EDV-Sachbearbeiterin —— 112

Sonstige Dienstleistungen und freie Berufe —— 114
Architekturbüro: Architektin —— 114
Computerbranche: Datenverarbeitungskauffrau —— 116
Friseur: Friseurin —— 116
Gebäudereinigung: Putzfrau —— 118
Gesundheitswesen: Apothekerin —— 118
Gesundheitswesen: Arzthelferin —— 120
Hotel- und Gaststättengewerbe: Restaurantleiterin —— 122
Hotel- und Gaststättengewerbe: Hotelleiterin —— 124
Ingenieurbüro: Konstruktionsingenieur —— 126
Kindergarten: Erzieherin —— 128
Pflegeheim: Altenpflegerin —— 130
Privater häuslicher Pflegeverband: Krankenschwester —— 132
Rechts- und Steuerberatung: Ausbildung zur Rechtsanwalts- und Notarsgehilfin —— 134
Rechts- und Steuerberatung: Steuerfachgehilfin —— 134

4. Was noch zu bedenken ist —— 136

Wann muss ein Zeugnis geändert werden? —— 136

Haftet der Arbeitgeber für den Zeugnisinhalt? —— 137

Und wenn es Streit ums Zeugnis gibt? —— 138

Anhang —— 140

Gesetzliche Grundlagen —— 140

Weiterführende Literatur —— 142

Register —— 143

Vorwort

»Bitte machen Sie mir ein Arbeitszeugnis fertig.« – Wer von seinen Mitarbeitern darum gebeten wird, kommt nicht selten ins Schwitzen. »Muss ich überhaupt ein Zeugnis schreiben?« – »Was muss im Zeugnis drinstehen?« – »Wie kann ich das Zeugnis formulieren?« – »Welche Form muss ich wählen?« – »Was darf ich weglassen, was nicht?«
Wen beschäftigen diese Fragen nicht? Schließlich soll ein Zeugnis möglichst objektiv Auskunft über die Arbeitsleistung, die Fähigkeiten und persönliche Führung des Mitarbeiters geben. Aber wie wird dies alles formuliert? Der Aussteller des folgenden Originalzeugnisses wusste offensichtlich keine Antworten auf obige Fragen.

ZEUGNIS

Herr Arne Meier war bei mir vom 6.3.1978 bis einschließlich 30.9.1978 als Kraftfahrer angestellt.
Von dem halben Jahr feierte Herr Meier zusammengezogen mindestens zwei Monate krank. Die restliche Zeit wiegelte er mein anderes Personal auf. Und wenn dann noch Zeit war, fuhr er meine Autos kaputt. Allein die Schäden, die Herr Meier mir bzw. meiner Versicherung zufügte, gingen in die DM 23.000. In Worten: ein Künstler im Autofahren. Den gleichen Abgang wie bei mir machte er mit Krankfeiern auch bei der Firma XY in Hamburg.
2.10.1978
Unterschrift

Der vorliegende Ratgeber gibt praktische Hilfestellung, wie man ein Zeugnis abfasst, was darin enthalten sein soll und auf welche Formulierungen besser verzichtet werden sollte.
Neben allgemeinen – vor allem rechtlichen – Hinweisen zur Zeugnisausstellung, enthält das Buch individuelle Zeugnisbeispiele. Es wendet sich speziell an Klein- und Mittelbetriebe und präsentiert Beispieltexte für alle größeren Berufs- und Beschäftigungsgruppen. Dabei werden sowohl verschiedene Hierarchieebenen als auch unterschiedliche Beurteilungen berücksichtigt und jeweils anschließend interpretiert.
In einem weiteren Abschnitt werden – ebenfalls beispielhaft – Besonderheiten behandelt, die bei der Zeugnisausstellung zu beachten

sind. Des Weiteren werden Tipps und Hinweise gegeben, wie Sie ein aussagekräftiges, wahrheitsgemäßes und wohlwollendes Zeugnis formulieren. Wenn Sie als Zeugnisaussteller von vornherein wissen, welchen formalen und inhaltlichen Richtlinien ein Zeugnis entsprechen muss, können spätere Auseinandersetzungen über das Arbeitszeugnis vermieden werden. Die rechtlichen Grundlagen werden gemäß der zurzeit gültigen Rechtsprechung dargestellt.

Der Ratgeber verwendet ausschließlich die männliche Schreibform, um ein flüssiges Lesen zu gewährleisten. Ich bitte die Leserinnen für diese Entscheidung um Nachsicht.

Bei der Entstehung dieses Ratgebers habe ich von unterschiedlichster Seite Unterstützung erfahren. Sehr freundlich und kooperativ waren Betriebsinhaber und Geschäftsführer, Arbeitnehmer und Betriebsräte, denen ich die vielen Zeugnisse zu verdanken habe. Unermüdlich waren Freunde, Verwandte und vor allem Maria José Pérez im Einsatz, um mich bei der Betreuung meiner zwei kleinen Kinder zu unterstützen. Ihnen allen gilt mein Dank; ohne sie wäre dieses Buch nicht zustande gekommen.

Petra Höfers

1. Das Arbeitszeugnis

Arbeitszeugnisse haben für Arbeitgeber und Arbeitnehmer große Bedeutung. Dem Arbeitgeber vermittelt das Arbeitszeugnis einen wichtigen Eindruck vom fachlichen und persönlichen Profil eines Bewerbers. Anhand des Zeugnisses bildet sich der Arbeitgeber ein Urteil, ob Bewerberprofil und Anforderungsprofil übereinstimmen. Er muss sich daher darauf verlassen können, dass der Zeugnisinhalt der Wahrheit entspricht. Ein Arbeitszeugnis hat Dokumentencharakter – wie ein Schul- oder Berufsausbildungszeugnis. Als Verfasser eines Arbeitszeugnisses müssen Sie sich deshalb darum bemühen, aussagekräftige und zutreffende Formulierungen zu wählen. Bereits 1960 hat sich das Bundesarbeitsgericht (BAG v. 23.6.1960, 5 AZR 560/58) in einer immer noch gültigen Grundsatzentscheidung zu dieser Thematik geäußert.

»Das Zeugnis soll einerseits dem Arbeitnehmer als Unterlage für eine neue Bewerbung dienen; seine Belange sind gefährdet, wenn er unterbewertet wird. Andererseits soll das Zeugnis zur Unterrichtung eines Dritten dienen, der die Einstellung des Arbeitnehmers in Erwägung zieht; dessen Belange sind gefährdet, wenn der Arbeitnehmer überbewertet wird. Aus dem notwendigen Ausgleich dieser sich möglicherweise widerstrebenden Interessen ergibt sich deshalb als oberster Grundsatz der Zeugniserteilung: Das Zeugnis muss wahr sein. Es muss dabei alle wesentlichen Tatsachen und Bewertungen enthalten, die für die Gesamtbeurteilung des Arbeitnehmers von Bedeutung sind. Dies schließt jedoch gleichzeitig aus, dass einmalige Vorfälle oder Umstände, die für den Arbeitnehmer, seine Führung und Leistung nicht charakteristisch sind – seien sie vorteilhaft oder nachteilig –, nicht aufgenommen oder verallgemeinert werden dürfen. Weiterhin ist zu berücksichtigen, dass die zweite Zielsetzung des Zeugnisses, die Unterrichtung eines Dritten, nur so weit zu berücksichtigen ist, wie es das Interesse des Dritten erfordert. Der Arbeitgeber darf und muss deshalb wahre Tatsachen und Beurteilungen nur insoweit in dem Zeugnis angeben, als ein künftiger Arbeitgeber hieran ein berechtigtes und verständiges Interesse haben kann. Das Zeugnis darf weder durch Wortwahl und

Satzstellung noch durch Auslassungen zu Irrtümern oder Mehrdeutigkeiten bei Dritten führen. Solche Irrtümer und Mehrdeutigkeiten können dann entstehen, wenn üblicherweise nach der Verkehrssitte aufgenommene Sätze ausgelassen werden. In solchen Fällen führt das Weglassen bei Dritten regelmäßig zu unberechtigten, unwahren und für den Arbeitnehmer negativen Schlussfolgerungen. Damit würde Sinn und Zweck des Zeugnisses hinfällig werden.«

Die Formulierungen eines Arbeitszeugnisses müssen also der Wahrheit entsprechen und zugleich charakteristisch sein. Der Gesamteindruck des Textes muss Leistung, Verhalten und Persönlichkeit des Arbeitnehmers würdigen, Nebensächlichkeiten dürfen nicht überbewertet und wichtige Aspekte nicht übergangen werden. Das Arbeitszeugnis ist keine persönliche Abrechnung (ob nun positiv oder negativ), sondern sein Gehalt orientiert sich nüchtern am berechtigten Interesse künftiger Arbeitgeber.

Sie sind außerdem verpflichtet, das Zeugnis mit verständigem Wohlwollen abzufassen. Diese Verpflichtung ergibt sich aus der nachwirkenden Fürsorgepflicht bzw. – wie es der Bundesgerichtshof ausdrückt – aus der über das Ende des Dienstverhältnisses hinausgehenden sozialen Mitverantwortung. Dem Arbeitnehmer darf das weitere berufliche Fortkommen nicht ungerechtfertigt erschwert und seine Chancen auf dem Arbeitsmarkt dürfen nicht unnötig verschlechtert werden (BAG v. 23.6.1960 und BGH v. 15.5.1979). In Zeiten hoher Arbeitslosigkeit und verstärkter Konkurrenz um Arbeitsplätze obliegt Ihnen bei der Zeugnisausstellung folglich eine besondere Verantwortung.

Dem Arbeitnehmer dient das Arbeitszeugnis als Nachweis seiner beruflichen Tätigkeit. Es enthält Aussagen über seinen beruflichen Werdegang, die Fähigkeiten und ggf. erstreckt es sich auf seine Führung und Leistung. Das Zeugnis ist wichtiger Bestandteil der Bewerbungsunterlagen.

Wer bekommt ein Zeugnis?

Alle Arbeitnehmer, arbeitnehmerähnlichen Personen und Auszubildenden haben einen Rechtsanspruch auf die Ausstellung eines Arbeitszeugnisses. Die allgemeine Rechtsgrundlage findet sich in

§ 630 Bürgerliches Gesetzbuch (BGB). Weitere, jedoch im Grunde ähnliche Vorschriften finden sich für kaufmännische Angestellte in § 73 Handelsgesetzbuch (HGB), für gewerbliche Arbeitnehmer in § 113 Gewerbeordnung (GewO) und für Auszubildende in § 8 Berufsbildungegesetz (BBiG). Diese Texte sind im Wortlaut in Kapitel 5 abgedruckt.

Wie lange das Arbeitsverhältnis gedauert hat, spielt hinsichtlich des Zeugnisanspruchs keine Rolle. Auch eine kurze Beschäftigungszeit – sogar von nur wenigen Tagen – befreit Sie nicht von der Verpflichtung ein (einfaches) Zeugnis zu erteilen.

> **Beispiel:** Frau Hennemann wird nach Ablauf der dreimonatigen Probezeit nicht übernommen. Sie hat Anspruch auf die Ausstellung eines einfachen Zeugnisses. Auf Verlangen muss ihr sogar ein qualifiziertes Zeugnis ausgestellt werden.

Der Anspruch des Arbeitnehmers ist erfüllt, wenn er von Ihnen ein Zeugnis erhalten hat, dessen Form und Inhalt den gesetzlichen Vorschriften entspricht. Bedenken Sie, dass ein Zeugnis nicht – auch nicht als Pfand – zurückbehalten werden darf.

Arbeitnehmer und arbeitnehmerähnliche Personen

Arbeitnehmer sind Personen, die persönlich und/oder wirtschaftlich vom Arbeitgeber abhängig und sozial schutzbedürftig sind und die im Wesentlichen unselbstständig arbeiten. Sie sind in den Betrieb eingegliedert und arbeiten weisungsgebunden. Auch Teilzeitbeschäftigte und geringfügig Beschäftigte sind Arbeitnehmer. Arbeitnehmerähnliche Personen sind zwar auch vom Arbeitgeber abhängig, sie sind jedoch nicht in den Betrieb eingegliedert, sie gestalten ihren Arbeitsablauf selbst und sind nicht weisungsgebunden (z. B. Heimarbeitnehmer/innen). Arbeitnehmern und arbeitnehmerähnlichen Personen muss ein Zeugnis ausgestellt werden.

Auszubildende und Praktikanten

Alle Auszubildenden haben Anspruch auf ein Zeugnis, ebenso Volontäre, Praktikanten und Werkstudenten.

Leitende Angestellte

Leitende Angestellte sind Arbeitnehmer und besitzen infolgedessen ebenfalls einen Zeugnisanspruch.

Organmitglieder
Die gesetzlichen Vertreter einer juristischen Person bezeichnet man als Organmitglieder (u. a. Geschäftsführer oder Vorstände, z. B. Vorstandsmitglieder einer Aktiengesellschaft, Geschäftsführer einer Gesellschaft mit beschränkter Haftung, Vorstandsmitglieder einer Genossenschaft). Sie üben eine Arbeitgeberfunktion aus und sind demnach nicht Arbeitnehmer und auch keine leitenden Angestellten. Es gibt aber Fälle, in denen z. B. der GmbH-Geschäftsführer weisungsgebunden arbeitet. Dann könnte ein Zeugnisanspruch bestehen, ebenso bei einem Nicht-Gesellschafter als GmbH-Geschäftsführer. Besitzt der GmbH-Geschäftsführer allerdings 50 % und mehr der Geschäftsanteile oder repräsentiert die Mehrheit (z. B. bei einer Ein-Personen-GmbH), entfällt der Zeugnisanspruch wiederum.

Leiharbeitnehmer
Leiharbeitnehmer sind Arbeitnehmer des verleihenden Betriebes, obwohl sie in dem entleihenden Betrieb arbeiten. Ihr Zeugnisanspruch richtet sich gegen den Verleih-Arbeitgeber. Den entleihenden Betrieb trifft allerdings bei der Ausstellung eines Zeugnisses eine Mitwirkungspflicht, da nur dort qualifizierte Aussagen über die Tätigkeiten des Arbeitnehmers getroffen werden können.

Welche Form sollte das Arbeitszeugnis haben?

Das Zeugnis muss schriftlich und – falls vorhanden – auf Ihrem Firmenbriefpapier verfasst werden. Sollten Sie solches nicht besitzen, wird das Zeugnis auf gutem Papier im Format DIN A4 geschrieben und neben oder unter Ihrer Unterschrift der Firmenstempel ergänzt. Das Zeugnis muss mit einem dokumentenechten Schreibstift unterschrieben sein.
Zeugnisse werden maschinenschriftlich, d.h. mit Computer oder Schreibmaschine angefertigt. Es ist unüblich, ein handschriftliches Zeugnis auszustellen. Schreiben Sie das Zeugnis in deutscher Sprache, auch wenn es sich um einen ausländischen Arbeitnehmer handelt.
Das Zeugnis muss tadellos aussehen, es darf keine Verbesserungen, Radierungen, Streichungen, Flecken oder Knitter enthalten. Sie dürfen das Zeugnis nicht nachträglich verbessern oder ändern, sondern müssen es bei Korrekturen neu schreiben. Wenn es Schreib-

Form des Arbeitszeugnisses 15

fehler enthält, hat der Arbeitnehmer einen Anspruch auf die Ausstellung eines neuen, fehlerfreien Zeugnisses.

Geben Sie dem Zeugnis eine Überschrift wie: Zeugnis, Zwischenzeugnis, vorläufiges Zeugnis, Ausbildungszeugnis oder Arbeitsbescheinigung. Auf dem Dokument müssen Ihre volle Anschrift, der Ausstellungsort und das Ausstellungsdatum stehen. Sollte das Zeugnis inhaltlich geändert oder korrigiert worden sein, ist das ursprüngliche Ausstellungsdatum zu verwenden. In der Regel sind Ausscheidungs- und Ausstellungsdatum identisch. Verlangt der Arbeitnehmer erst längere Zeit nach seinem Ausscheiden ein Zeugnis, dann wird das aktuelle Ausstellungsdatum eingesetzt.

Bezeichnen Sie die Person des Arbeitnehmers genau. Der Arbeitnehmer ist mit »Herr«, die Arbeitnehmerin mit »Frau« zu titulieren. Benennen Sie Vor- und Familienname (bei verheirateten oder geschiedenen Frauen auch den Geburtsnamen) und das Geburtsdatum. Der Geburtsort wird heute nur noch selten aufgeführt. Die Anschrift des Arbeitnehmers hat im Zeugnis nichts zu suchen, außer er verlangt es ausdrücklich.

Sie dürfen keine Geheimzeichen in das Zeugnis einbauen, die versteckte Aussagen oder Bewertungen über den Arbeitnehmer beinhalten. Das gilt sowohl für positive als auch für negative Aussagen. Unterstreichungen und andere Hervorhebungen, etwa durch Ausrufe- oder Fragezeichen, sind ebenfalls unzulässig.

Der Umfang des Zeugnisses sollte zwei DIN-A4-Seiten nicht überschreiten.

Jedes Zeugnis muss unterschrieben werden. Unterschriftsberechtigt sind Sie als Arbeitgeber oder ein Mitarbeiter mit der entsprechenden Vollmacht. Wenn Sie nicht selbst unterschreiben, muss in der Unterschrift das Vertretungsverhältnis deutlich gemacht werden (z. B. ppa., im Auftrag, in Vertretung). Ein Rechtsanwalt oder eine andere betriebsfremde Person darf das Zeugnis nicht stellvertretend ausstellen und unterschreiben.

Ein Zeugnis, das in stilistischer, formaler und inhaltlicher Hinsicht einwandfrei ist, hinterlässt beim Leser einen positiven Eindruck. So ist ein tadellos verfasstes Zeugnis für Sie auch ein Aushängeschild und eine Werbung für Ihr Unternehmen – es könnte Ihre Visitenkarte sein.

Wann wird das Zeugnis erteilt?

Ein Zeugnis ist grundsätzlich am Ende des Arbeitsverhältnisses auszustellen. Auch wenn ein Arbeitnehmer nach Ablauf der Probezeit nicht übernommen wird, hat er Anspruch auf ein Zeugnis. Endet das Beschäftigungsverhältnis aufgrund ordentlicher Kündigung, kann der Arbeitnehmer mit Beginn der Kündigungsfrist ein vorläufiges Zeugnis von Ihnen verlangen, um sich damit neu zu bewerben. Auch beim Auslaufen eines befristeten Arbeitsverhältnisses sollten Sie dem Arbeitnehmer frühzeitig ein vorläufiges Zeugnis ausstellen. Bei Beendigung des Arbeitsverhältnisses erhält der Arbeitnehmer dann ein endgültiges Zeugnis.

Tarifliche Ausschlussfristen, Verjährung und Verwirkung des Zeugnisanspruchs
Es kann Ihnen passieren, dass der Arbeitnehmer zunächst kein Zeugnis verlangt und erst einige Zeit nach Beendigung des Arbeitsverhältnisses sein Zeugnis einfordert.

Tarifliche Ausschlussfristen
Entscheidend ist, ob Sie tarifgebunden sind oder ob Sie die Geltung eines Mantel- oder Rahmentarifvertrags arbeitsvertraglich vereinbart haben. In den meisten Mantel- oder Rahmentarifverträgen sind Ausschlussfristen für die Geltendmachung von Ansprüchen aus dem Arbeitsverhältnis verankert. Diese Ausschlussfristen gelten auch für den Zeugnisanspruch, sofern nichts anderes geregelt ist. Die Ausschlussfristen betragen in der Regel drei oder sechs Monate; innerhalb dieses Zeitraumes müsste der Arbeitnehmer seine Ansprüche geltend gemacht haben. Hat der Arbeitnehmer seinen Zeugnisanspruch innerhalb der Ausschlussfrist nicht reklamiert, ist damit der Anspruch erloschen.

Verjährung und Verwirkung
Wenn in Ihrem Betrieb keine tariflichen Ausschlussfristen gelten, fällt der Zeugnisanspruch des Arbeitnehmers unter die Verjährungs- bzw. Verwirkungsgrundsätze des BGB. Der Anspruch auf Erteilung eines Arbeitszeugnisses verjährt nach 3 Jahren, doch er ist schon erheblich früher verwirkt. Verwirkung heißt, dass der Arbeitnehmer über längere Zeit untätig geblieben ist, also kein Zeugnis eingefordert hat, sodass Sie davon ausgehen konnten, dass er von

Ihnen auch kein Zeugnis mehr verlangen wird. Dann kann es für Sie unmöglich und unzumutbar sein, noch ein Zeugnis zu schreiben, vor allem wenn Sie sich nicht mehr ausreichend an den Arbeitnehmer erinnern. Wann die Verwirkung eintritt, hängt vom Einzelfall ab. Ein einfaches Zeugnis werden Sie noch längere Zeit später ausstellen können, wenn Sie auf die Personalunterlagen zurückgreifen können. Ein qualifiziertes Zeugnis auszustellen wird schwieriger sein, denn nach einem längeren Zeitraum noch Aussagen zum Leistungs- und Führungsverhalten zu machen ist problematisch. Als Faustregel für die Verwirkung gilt ein Zeitraum von drei bis sechs Monaten nach dem Ausscheiden des Arbeitnehmers.

> **TIPP**
>
> Um Ärger und Erinnerungslücken auf beiden Seiten zu vermeiden, stellen Sie das Arbeitszeugnis am besten sofort bei Beendigung des Arbeitsverhältnisses aus.

Wer stellt das Zeugnis aus?

Zeugnisse werden grundsätzlich vom Arbeitgeber ausgestellt. Natürlich können Sie auch einen Mitarbeiter beauftragen, das Zeugnis zu schreiben. Bitte beachten Sie dabei, dass der Zeugnisverfasser im Rang höher steht als der Zeugnisempfänger. Es ist durchaus möglich, dass ein Betriebsleiter oder Meister ein Zeugnis schreibt (und unterschreibt!), sofern der Arbeitnehmer in der betrieblichen Hierarchie niedriger einzuordnen ist. Der Fachvorgesetzte sollte bei der Zeugniserstellung immer hinzugezogen werden und mit unterschreiben. Er kennt den Arbeitnehmer und kann ihn am besten beurteilen. Bei Führungskräften (auch: Betriebsleiter oder Meister) ist das Zeugnis von der Geschäftsleitung zu unterschreiben.

Zeugnis selbst schreiben lassen?
Es kommt vor, dass der Arbeitnehmer sein Zeugnis selbst formulieren möchte und Sie es nur unterschreiben sollen. Das ist ein bequemer Weg, sich der Verpflichtung des Selbstschreibens zu entziehen, aber: einen Anspruch, das Zeugnis selbst zu formulieren, hat der

Arbeitnehmer nicht. Zudem sind Sie mit Ihrer Unterschrift für den Zeugnisinhalt in der Haftung, selbst wenn der Arbeitnehmer das Zeugnis entworfen hat.

Häufig ist es auch der Arbeitgeber, der den Arbeitnehmer um Unterstützung bei der Zeugniserteilung bittet. Das kann unter Umständen für den Arbeitnehmer zum Problem werden, wenn er sich mit den gängigen Zeugnisformulierungen nicht auskennt. So können aus seiner Sicht vermeintlich gute Formulierungen sich bei späteren Interpretationen durch Dritte als schlecht oder abwertend herausstellen. Wenn Sie das Zeugnis nicht alleine, sondern in Abstimmung mit dem Arbeitnehmer schreiben wollen, dann empfiehlt sich folgendes Vorgehen:

1. Schritt: Entweder erstellt der Arbeitnehmer oder der Arbeitgeber einen Zeugnisentwurf.
2. Schritt: Arbeitgeber und Arbeitnehmer besprechen den Entwurf für die Endfassung gemeinsam.
3. Schritt: Der Arbeitgeber erstellt die Endfassung des Zeugnisses.
4. Schritt: Die Endfassung wird mit dem Arbeitnehmer abschließend erörtert.

Diese Vorgehensweise ist kooperativ und praktikabel, wenn Sie ein gutes Verhältnis zu dem Arbeitnehmer haben. Vor allem, wenn ein längeres qualifiziertes Zeugnis zu erstellen ist, wird diese Strategie empfohlen. Wer Zeugnisse kooperativ entwirft, investiert zunächst relativ viel Zeit, vermeidet aber spätere Auseinandersetzungen.

Kann der Arbeitnehmer auf sein Zeugnis verzichten?

Während eines bestehenden Arbeitsverhältnisses ist ein Verzicht auf das Zeugnis nicht möglich, da Zeugnisvorschriften zwingendes Recht sind. Ein erklärter Verzicht ist demnach unwirksam. Will der Arbeitnehmer nach Beendigung des Arbeitsverhältnisses auf sein Zeugnis verzichten, muss dies ausdrücklich (am besten schriftlich) von ihm erklärt werden.

Häufig werden am Ende eines Arbeitsverhältnisses, beim Abschluss eines Aufhebungsvertrags oder nach einem beendeten Arbeits-

gerichtsprozess Ausgleichsquittungen mit einer der folgenden Formulierungen unterschrieben:
- »Damit sind sämtliche Ansprüche aus dem Arbeitsverhältnis erledigt.«
- »Herr Schlüter bestätigt mit seiner Unterschrift, dass er keine weiteren Ansprüche gegen die Firma geltend machen wird.«
- »Herr Schlüter bestätigt mit seiner Unterschrift, dass alle gegenseitigen Ansprüche erledigt sind.«
- »Mit der vorstehenden Regelung verzichten die Parteien auf sämtliche wechselseitigen Ansprüche aus dem Arbeitsverhältnis und seiner Beendigung (aus welchem Grund auch immer).«

Diese Vereinbarungen gelten nicht für Arbeitszeugnisse; auf ihren Rechtsanspruch kann durch die Unterschrift einer Ausgleichsquittung nicht verzichtet werden.

2. Für jeden Zeugnistyp die richtige Formulierung

In der Praxis ist die Kenntnis des einfachen und qualifizierten Zeugnisses, des Zwischenzeugnisses, des Berufsausbildungszeugnisses sowie der Arbeitsbescheinigung nach § 312 SGB III wichtig. Die vier Zeugnistypen unterscheiden sich durch Inhalt, Aufbau und Zielsetzung. Das einfache Zeugnis gibt lediglich Auskunft über Art und Dauer des Beschäftigungsverhältnisses, während das qualifizierte Zeugnis zusätzlich auf Leistung und Führung des Arbeitnehmers eingeht. Im Folgenden werden die Zeugnistypen vorgestellt und ihre Inhalte erläutert.

Einfaches Zeugnis

Das einfache Zeugnis darf lediglich Auskünfte über Art und Dauer des Beschäftigungsverhältnisses enthalten. Aussagen über die Arbeitsleistung und das Führungsverhalten haben in einem einfachen Zeugnis nichts zu suchen.

Inhalt und Gliederung

1. *Firmenbriefpapier* mit Namen und Anschrift des Unternehmens
2. *Überschrift* (hier: Zeugnis)
3. *Personalien*
   - Vorname und Familienname, bei Verheirateten oder Geschiedenen ggf. auch der Geburtsname
   - Geburtsdatum; Geburtsort wird heute oft weggelassen
   - akademische und öffentlich-rechtliche Titel
4. *Gesamtdauer* der Beschäftigung (genaues Eintritts- und Austrittsdatum) und *Funktion* im Betrieb

5. *Aufgabenbeschreibung*
   - Beschreibung der Tätigkeiten und Aufgaben in chronologischer Reihenfolge
   - Position in der betrieblichen Hierarchie
   - Kompetenzen, Verantwortung
   - Erläuterung des Unternehmens, ggf. der Branche
6. eventuell: *Fortbildungsmaßnahmen*
7. *Ausscheiden,* eventuell: *Gründe für das Ausscheiden*
8. *Schlussformulierung*
   - Danksagung für geleistete Arbeit
   - Bedauern über Ausscheiden
   - Verständnis/Empfehlung
   - Zukunftswünsche
9. *Ort, Datum, Unterschrift*

Aufgabenbeschreibung

Geben Sie die Tätigkeit des Arbeitnehmers genau und vollständig an, sodass sich ein Dritter problemlos ein Bild davon machen kann. Die Nennung des Berufes allein genügt nicht. Vielmehr ist es erforderlich, die tatsächlich ausgeübten Tätigkeiten und Arbeiten aufzuführen, da Beruf und Tätigkeit häufig nicht identisch sind. Es kann z. B. sein, dass ein gelernter Werkzeugmacher dauernd oder überwiegend im Vorrichtungsbau gearbeitet hat, eine Optikerin sich ausschließlich mit der Anpassung von Kontaktlinsen beschäftigt oder eine Stenokontoristin Briefe nicht nur nach Diktat, sondern zum Teil auch nach Stichworten oder vollkommen selbstständig geschrieben und außerdem Konten oder Karteien geführt hat. Es kommt also auf die tatsächlich geleisteten Tätigkeiten an.

> **Beispiel:** Herr Krause war als Kraftfahrer ... beschäftigt. Zu seinen Aufgaben gehörte das Ausliefern von Möbeln an unsere Kunden, das Be- und Entladen des LKWs sowie die Hilfe bei der Montage von hochwertigen dänischen und englischen Kiefernholzmöbeln.

Machen Sie am besten die Ausführlichkeit eines Zeugnisses von der Qualifikation und von der Dauer der Betriebszugehörigkeit abhängig. Einfache Arbeiten können einfach, anspruchsvolle, qualifizierte Arbeiten sollten ausführlich dargestellt werden.

22 Für jeden Zeugnistyp die richtige Formulierung

> **TIPP:**
> Falls Sie in Ihrem Büro mit Stellenbeschreibungen arbeiten, die auf dem neuesten Stand fortgeschrieben sind, so können diese für die Darstellung der Tätigkeit von großem Nutzen sein.

Nehmen Sie in chronologischer Reihenfolge die fachliche und innerbetriebliche Entwicklung des Arbeitnehmers auf. Wenn sich jemand vom Lehrling zum Gesellen und dann zum Meister hochgearbeitet hat, so ist das im Zeugnis zu erwähnen. Führen Sie die einzelnen Stationen des Werdegangs in ihrer Reihenfolge auf und ergänzen Sie diese durch eine detaillierte Beschreibung der Tätigkeiten. Nur unbedeutende Aufgaben dürfen Sie weglassen. Hat der Arbeitnehmer an beruflichen Fortbildungsmaßnahmen teilgenommen, so sind diese ebenfalls im Zeugnis aufzunehmen.

Eine Tätigkeit als Betriebsrat, Jugendvertretung oder Vertrauensperson der Schwerbehinderten sowie gewerkschaftliche Aktivitäten des Arbeitnehmers sind grundsätzlich nicht im Zeugnis aufzunehmen. Auch ein mittelbarer Hinweis ist unzulässig, etwa indem eine Funktion als Arbeitnehmervertreter umschrieben wird.

Beispiel: Er ist für die Interessen der Arbeitnehmer inner- und außerhalb des Betriebes engagiert eingetreten.

Solche Formulierungen sind nicht zulässig und sollten vermieden werden. Nur wenn der Arbeitnehmer es ausdrücklich wünscht, ist seine Betriebsrats- oder Gewerkschaftstätigkeit aufzuführen.

Beschäftigungsdauer

Im einfachen Zeugnis ist neben der Art der Tätigkeit auch die Dauer des Arbeitsverhältnisses wahrheitsgemäß anzugeben. Entscheidend ist der Zeitraum vom Eintritt in die Firma bis zum Ende der Kündigungsfrist, des Befristungsendes oder des vereinbarten Auflösungstermins.

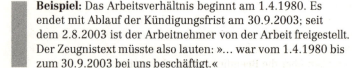

Beispiel: Das Arbeitsverhältnis beginnt am 1.4.1980. Es endet mit Ablauf der Kündigungsfrist am 30.9.2003; seit dem 2.8.2003 ist der Arbeitnehmer von der Arbeit freigestellt. Der Zeugnistext müsste also lauten: »… war vom 1.4.1980 bis zum 30.9.2003 bei uns beschäftigt.«

Unterbrechungen

Kürzere Unterbrechungen, z. B. Krankheiten, Beurlaubungen, Dienstreisen, Urlaub oder selbst Haft sind im Zeugnis nicht zu erwähnen, ebenso wenig Kurzarbeit oder die Beteiligung am Streik. Anders verhält es sich mit längeren Unterbrechungen des Arbeitsverhältnisses. Hat eine Unterbrechung etwa die Hälfte der gesamten Beschäftigungszeit angedauert, so ist sie im Zeugnis zu erwähnen.

Beispiel: Herr Sürken war vom 1.4.1993 bis zum 30.9.2003 bei uns beschäftigt; vom 11.7.1998 bis zum 11.7.2003 hat das Beschäftigungsverhältnis geruht.

Sie werden sich jetzt sicher fragen, ob die Gründe für die Unterbrechung genannt werden müssen. Die Antwort lautet: Es kommt auf die Gründe an! Bei längeren Unterbrechungen des Arbeitsverhältnisses sollten die Gründe nicht benannt werden, die bei zukünftigen Arbeitgebern einen negativen Eindruck erwecken, alle anderen können Sie benennen, insbesondere dann, wenn der Arbeitnehmer es wünscht.

- Hat der Arbeitnehmer wegen lang anhaltender Krankheit oder Heilbehandlung gefehlt, so sind die Gründe nicht zu benennen; das Gleiche gilt für das Verbüßen einer Freiheitsstrafe.
- Hat der Arbeitnehmer lange Fehlzeiten, weil er sich z. B. beruflich fortgebildet, ein Studium absolviert, Entwicklungshilfe geleistet oder karitative Aufgaben vollbracht hat, so wirken sich diese Tätigkeiten eher wertsteigernd aus und sollten daher im Zeugnis benannt werden.
- Bei Fehlzeiten aufgrund von Elternzeit oder Wehr- oder Zivildienst sollten Sie ebenfalls den Grund für die Fehlzeiten angeben, allein um Missverständnisse zu vermeiden.

Klären Sie die Gründe und ihre Benennung im Vorfeld mit dem Arbeitnehmer ab. So vermeiden Sie Ärger und u.U. Nachfragen des neuen Arbeitgebers.

Beendigungsgründe

Diese dürfen im Zeugnis nicht erwähnt werden, da sie nichts mit der Art und Dauer des Beschäftigungsverhältnisses zu tun haben. Nur wenn der Arbeitnehmer es ausdrücklich wünscht, müssen Sie Angaben über die Beendigungsgründe machen.

> **Beispiel:** Frau Stroh hat gekündigt, da sie ein Studium aufnehmen will. Der Zeugnistext könnte lauten: »Frau Stroh verlässt uns auf eigenen Wunsch, da sie ein Studium aufnehmen möchte.«
> Wenn der Betrieb umstrukturiert oder rationalisiert wird und deshalb der Arbeitsplatz von Frau Stroh wegfällt, könnte der Zeugnistext – so Frau Stroh es wünscht – lauten: »Rationalisierungsmaßnahmen in unserem Haus haben dazu geführt, dass der Arbeitsplatz von Frau Stroh weggefallen ist. Auch anderweitig können wir sie nicht mehr einsetzen. Leider mussten wir deshalb das Arbeitsverhältnis mit Frau Stroh betriebsbedingt kündigen.«

Sie dürfen keine Aussagen darüber machen, wer die Auflösung des Arbeitsverhältnisses betrieben hat und mit welchen Fristen (fristgemäß oder fristlos) der Arbeitsvertrag beendet wurde. Handelt es sich um eine fristlose, arbeitgeberseitige Kündigung, so lässt der Zeitpunkt der Beendigung in der Regel Rückschlüsse darauf zu. Ein ausdrücklicher Hinweis auf die fristlose Kündigung ist dagegen nicht zulässig. Auch in diesen Fällen gilt jedoch: Wenn der Arbeitnehmer es wünscht, müssen Sie Aussagen darüber im Zeugnis aufnehmen, wer gekündigt hat und/oder mit welchen Fristen.

Das Wichtigste in Kürze

1. Beschreiben Sie die Arbeiten und Tätigkeiten ausführlich und genau.
2. Benennen Sie die fachliche und innerbetriebliche Entwicklung des Arbeitnehmers in chronologischer Reihenfolge.
3. Nehmen Sie berufliche Fortbildungsmaßnahmen im Zeugnis auf.
4. Benennen Sie die Dauer des Arbeitsverhältnisses genau; Fehlzeiten werden nur erwähnt, wenn sie mehr als 50 % der gesamten Beschäftigungszeit ausmachen.
5. Nur wenn der Arbeitnehmer es wünscht, ist Folgendes im Zeugnis aufzunehmen:
   - Betriebsratstätigkeit oder gewerkschaftliche Funktion,
   - Grund für längere Fehlzeiten,
   - Grund für die Auflösung des Arbeitsverhältnisses,
   - Initiator für die Beendigung,
   - Angabe der Frist zur Auflösung des Arbeitsverhältnisses.

Qualifiziertes Zeugnis

Ein qualifiziertes Zeugnis ist im Grunde ein einfaches Zeugnis, das um die Beurteilung der Leistungs- und Führungsqualitäten des Arbeitnehmers erweitert wird.

Inhalt und Gliederung

1. *Firmenbriefpapier* mit Namen und Anschrift des Unternehmens
2. *Überschrift* (hier: Zeugnis)
3. *Personalien*
   - Vorname und Familienname, bei Verheirateten oder Geschiedenen ggf. auch der Geburtsname
   - Geburtsdatum; Geburtsort wird heute oft weggelassen
   - akademische und öffentlich-rechtliche Titel
4. *Gesamtdauer* der Beschäftigung (genaues Eintritts- und Austrittsdatum) und *Funktion* im Betrieb
5. *Aufgabenbeschreibung*
   - Beschreibung der Tätigkeiten und Aufgaben in chronologischer Reihenfolge
   - Position in der betrieblichen Hierarchie
   - Kompetenzen, Verantwortung
   - Erläuterung des Unternehmens, ggf. der Branche
6. eventuell: *Fortbildungsmaßnahmen*
7. *Leistungsbeurteilung*
   - Arbeitsbereitschaft/Arbeitsmotivation/Eigeninitiative
   - Arbeitsbefähigung/Können/Kenntnisse
   - Ausdrucksvermögen
   - Belastbarkeit
   - Arbeitsweise/Arbeitsgüte
   - Zuverlässigkeit
   - Verhandlungsgeschick
   - Arbeitstempo
   - Arbeitserfolg/Arbeitsmenge
8. *Verhaltensbeurteilung*
   - Eigenschaften/Verantwortungsbereitschaft
   - Vertrauenswürdigkeit und Loyalität
   - Sozialverhalten (Verhalten gegenüber Vorgesetzten,

> Kollegen und Dritten, z. B. Kunden, Geschäftspartnern)
> - Führungsverhalten (z. B. Mitarbeiterführung)
> 9. *Zusammenfassende Gesamtbeurteilung*
> 10. *Ausscheiden*, eventuell: *Gründe für das Ausscheiden*
> 11. *Schlussformulierung*
>   - Danksagung für geleistete Arbeit
>   - Bedauern über Ausscheiden
>   - Verständnis/Empfehlung
>   - Zukunftswünsche
> 12. *Ort, Datum, Unterschrift*

Sie müssen nur dann ein qualifiziertes Zeugnis schreiben, wenn der Arbeitnehmer ausdrücklich danach verlangt; beansprucht er lediglich ein Zeugnis, genügt die Erstellung eines einfachen Zeugnisses. Wenn ein qualifiziertes Zeugnis verlangt wird, sollte das Arbeitsverhältnis eine gewisse Mindestdauer bestanden haben. Eine sichere Beurteilung von Führung und Leistung des Arbeitnehmers wäre sonst für Sie gar nicht möglich. Allerdings kann der Arbeitnehmer auch ein qualifiziertes Zeugnis verlangen, wenn das Arbeitsverhältnis z. B. nur vier Wochen bestanden hat. Sie müssten dann aber im Zeugnis zum Ausdruck bringen, dass aufgrund der kurzen Beschäftigungszeit eine ausführliche Beurteilung kaum möglich war.

> **Beispiel:** Wegen der Kürze ihrer Beschäftigung ist uns leider eine ausführliche Beurteilung der Leistungs- und Führungsqualitäten von Frau Müller nicht möglich.

Im Gegensatz zum einfachen Zeugnis werden im qualifizierten Zeugnis gerade Leistungs- und Führungsqualitäten beurteilt. Arbeitsleistung und betriebliches Verhalten erfahren damit eine Bewertung durch den Arbeitgeber.

Sie sollten sich darum bemühen, Gesamtführung und Gesamtleistung und damit die Gesamtpersönlichkeit des Arbeitnehmers im Zeugnis zu würdigen. Versuchen Sie seiner individuellen Besonderheit gerecht zu werden, indem Sie die Qualität seiner erbrachten Leistungen, sein Können und die Arbeitsweise, seine Belastbarkeit, seine Arbeitsbereitschaft und -motivation, sein Sozial- und Führungsverhalten etc. beurteilen. Dabei dürfen Sie den Arbeitnehmer weder unterbewerten (damit wären seine eigenen Belange gefährdet), noch überbewerten (die Belange des neuen Arbeitgebers wären gefährdet). Gleichwohl steht Ihnen ein eigener Beurteilungsspielraum zu, der natürlich durch Ihren persönlichen Eindruck geprägt ist.

> **TIPP:**
>
> Zwischen Ihrer Beurteilung und der Selbsteinschätzung des Arbeitnehmers kann es erhebliche Differenzen geben. Es empfiehlt sich, vor Ausstellung des Zeugnisses die Inhalte im Gespräch abzustimmen. So lassen sich spätere – auch gerichtliche – Auseinandersetzungen im Vorfeld vermeiden.

Sie sind aber immer – auch ohne vorheriges Gespräch – gehalten, den Arbeitnehmer so objektiv wie möglich zu beurteilen. Auch hierbei gilt der richterliche Grundsatz, der bei jedem Zeugnistyp einzuhalten ist: Das Zeugnis muss der Wahrheit entsprechen, von verständigem Wohlwollen für den Arbeitnehmer getragen sein und darf ihm sein weiteres berufliches Fortkommen nicht erschweren. Natürlich sollen Sie keine Gefälligkeitszeugnisse schreiben oder wahrheitswidrige Angaben machen. Es ist sehr wohl zulässig, im Zeugnis negative Äußerungen aufzunehmen, wenn sie für das Gesamtbild des Arbeitnehmers nachweislich charakteristisch und prägend sind. Fehlverhalten, wie z. B. totales Versagen, schwerer Vertrauensbruch oder nachhaltiges Stören des Betriebsfriedens, könnten Sie im Zeugnis erwähnen, gelegentliches Fehlverhalten, wie z. B. einmaliges Zuspätkommen, dagegen nicht. Abmahnungen dürfen im Zeugnis nicht erwähnt werden.

Grundsätzlich müssen im qualifizierten Zeugnis Ausführungen zur Leistung und Führung gemacht werden und zwar in Bezug auf die gesamte Beschäftigungszeit. Es reicht nicht aus, allein die Leistungen oder nur die Führung des Arbeitnehmers zu beurteilen. Der Gesetzgeber verlangt eindeutig die Beurteilung beider Komponenten, also eine Darstellung der Gesamtpersönlichkeit des Arbeitnehmers. Sie sind zudem verpflichtet, die gesamte Beschäftigungszeit mit allen (möglicherweise unterschiedlichen) Tätigkeiten zu bewerten. Reduzieren Sie das Zeugnis nicht auf das letzte halbe Jahr, sondern beurteilen Sie den Arbeitnehmer für den ganzen Zeitraum seiner Beschäftigung.

> **TIPP:**
> Ziehen Sie bei einer längeren Betriebszugehörigkeit zu Beurteilungszwecken die Personalakte hinzu oder befragen Sie die Vorgesetzten – auch die früheren! – des Arbeitnehmers.

Beurteilung der Leistungen

Sie können die Leistungen allgemein beurteilen oder sich an einzelnen Leistungskriterien (Arbeitsbereitschaft etc., siehe auch im Detail: Gliederung zum qualifizierten Zeugnis) orientieren. Hat das Arbeitsverhältnis nur kurz bestanden, genügt es, eine allgemeine Leistungsbeurteilung zu verfassen. Je länger der Arbeitnehmer aber für Sie tätig war, desto ausführlicher sollten Sie auf die einzelnen Leistungskriterien im Zeugnis eingehen.

Um die Leistungen im Allgemeinen zu beurteilen, überlegen Sie zunächst, wie zufrieden Sie mit dem Arbeitnehmer insgesamt waren. Waren seine Leistungen:

Sehr gut, dann übertrifft er die mit dem Arbeitsplatz verbundenen Anforderungen bei weitem. Seine Leistungen liegen weit über dem betrieblichen Durchschnitt. Während der gesamten Dauer seiner Beschäftigung hat der Arbeitnehmer überdurchschnittlich gute Leistungen erbracht.

Gebräuchliche Formulierungen für *sehr gute* Leistungen sind:
»Er hat die ihm übertragenen Aufgaben stets zu unserer vollsten Zufriedenheit erfüllt«,
»Seine Leistungen waren sehr gut«,
»Wir waren mit seinen Leistungen stets/in jeder Hinsicht außerordentlich zufrieden«,
»Er hat unsere Erwartungen immer und in allerbester Weise erfüllt«,
»Seine Leistungen haben in jeder Hinsicht unsere volle Anerkennung gefunden«,
»Wir waren mit seinen Leistungen stets sehr zufrieden«,
»Seine Leistungen waren immer hervorragend.«

Gut, dann war der Arbeitnehmer überdurchschnittlich gut und hat die mit dem Arbeitsplatz verbundenen Anforderungen übertroffen. Er war besser als der betriebliche Durchschnitt.

Gebräuchliche Formulierungen für *gute* Leistungen sind:
»Er hat die ihm übertragenen Aufgaben stets zu unserer vollen Zufriedenheit erfüllt«,
»Seine Leistungen waren gut«,
»Wir waren während der gesamten Beschäftigungszeit mit seinen Leistungen voll und ganz zufrieden«,
»Er hat den Erwartungen und Anforderungen in jeder Hinsicht und bester Weise entsprochen«,
»Seine Leistungen fanden stets unsere volle Anerkennung.«

Befriedigend, dann erfüllte der Arbeitnehmer die betrieblich gesetzten Normen und die mit dem Arbeitsplatz verbundenen Anforderungen. Seine Leistungen sind durchschnittlich.
Die gebräuchlichsten Formulierungen für *befriedigende* Leistungen sind:
»Er hat die ihm übertragenen Aufgaben zu unserer vollen Zufriedenheit erledigt«,
»Er hat die ihm übertragenen Aufgaben stets/immer/sehr zu unserer Zufriedenheit erfüllt«,
»Seine Leistungen waren stets/immer zufrieden stellend«,
»Er hat jederzeit/stets zufrieden stellend gearbeitet«,
»Wir waren mit seinen Leistungen voll/sehr/immer/stets/jederzeit zufrieden«,
»Er hat unseren Erwartungen in jeder Hinsicht entsprochen.«

Ausreichend, dann weisen die Leistungen des Arbeitnehmers Mängel auf. Er erfüllt die mit dem Arbeitsplatz verbundenen Anforderungen nicht immer und seine Leistungen liegen unterhalb des Durchschnitts. Trotzdem entspricht er insgesamt noch den betrieblichen Anforderungen.
Gebräuchliche Formulierungen für *ausreichende* Leistungen sind:
»Er hat die ihm übertragenen Aufgaben zu unserer Zufriedenheit erfüllt«,
»Wir waren mit seinen Leistungen zufrieden«,
»Er hat unseren Erwartungen entsprochen«,
»Er hat zufrieden stellend gearbeitet.«

Mangelhaft, dann haben die Leistungen des Arbeitnehmers den betrieblichen Anforderungen in keiner Weise entsprochen. Der Arbeitnehmer ist für den Betrieb nicht haltbar. Es ist aber zu erken-

nen, dass er über Grundkenntnisse verfügt und seine Defizite könnten möglicherweise behoben werden.
Gebräuchliche Formulierungen für *mangelhafte* Leistungen sind:
»Er hat die ihm übertragenen Aufgaben insgesamt zu unserer Zufriedenheit erledigt«,
»Seine Leistungen haben unseren Erwartungen entsprochen«,
»Er hat die ihm übertragenen Aufgaben mit großem Fleiß und Interesse erledigt«,
»Er hat sich bemüht, die ihm übertragenen Aufgaben zu erledigen«,
»Er hat unsere Erwartungen größtenteils erfüllt«,
»Er hatte Gelegenheit, alle in der Abteilung anfallenden Arbeiten kennenzulernen.«

Ungenügend, dann entsprachen die Leistungen des Arbeitnehmers nicht den betrieblichen Anforderungen, er hat völlig versagt. Auch seine Grundkenntnisse sind so lückenhaft, dass die Mängel nicht behoben werden können.
Gebräuchliche Formulierungen für *ungenügende* Leistungen sind:
»Er hat sich bemüht, die ihm übertragenen Aufgaben zu unserer Zufriedenheit zu erledigen«,
»Er hatte Gelegenheit, die ihm übertragenen Aufgaben zu erledigen«,
»Er konnte den ihm übertragenen Aufgaben nicht gerecht werden«,
»Er hat versucht, die Leistungen zu erbringen, die wir an diesem Arbeitsplatz fordern müssen.«

Bedenken Sie beim Verfassen des Zeugnisses immer, dass Sie durch die Rechtsprechung der Arbeitsgerichte verpflichtet sind, ein wohlwollendes Arbeitszeugnis zu schreiben. Ihrer freien Bewertung sind also Grenzen gesetzt, und deshalb scheiden in der Regel die Bewertungen mangelhaft und ungenügend aus. Eine mangelhafte oder ungenügende Beurteilung ist nur zulässig, wenn der Arbeitnehmer völlig versagt hat und Sie diesen Umstand auch belegen können.

Einzelne Leistungskriterien im Überblick
Wenn Sie die Leistungen nicht nur allgemein, sondern differenziert und im Einzelnen beurteilen möchten, dann orientieren Sie sich am besten an den Leistungskriterien *Arbeitsbereitschaft, Arbeits-*

befähigung, Arbeitsweise und *Arbeitserfolg* (siehe auch: Gliederung zum qualifizierten Zeugnis). Hinter diesen Begriffen verbirgt sich das Folgende:

Arbeitsbereitschaft: Die Motivation des Arbeitnehmers, sein Fleiß, sein Arbeitswille, Eigeninitiative und Selbstständigkeit.

Arbeitsbefähigung: Das Können und die Kenntnisse des Arbeitnehmers, aber auch Ausdrucksvermögen und Belastbarkeit.

Arbeitsweise: Die Zuverlässigkeit des Arbeitnehmers, die Sorgfalt bei der Arbeit, Arbeitsgüte und Arbeitstempo sowie sein Verhandlungsgeschick, sofern es für die Tätigkeit erforderlich ist.

Arbeitserfolg: Die Bewertung der Arbeitsmenge und des Arbeitsergebnisses, nicht aber des wirtschaftlichen Nutzens (z. B. Umsatzerfolg) für das Unternehmen. Stellen Sie nur den persönlichen Arbeitserfolg des Arbeitnehmers dar, nicht aber den Erfolg des Betriebs, es sei denn, es gibt einen unmittelbaren und kausalen Zusammenhang für beide Erfolge.

Die Art der Tätigkeit und die Dauer der Beschäftigung sind ausschlaggebend dafür, ob Sie zu allen Punkten detaillierte Ausführungen machen. Aber je länger und qualifizierter ein Arbeitnehmer für Sie tätig war, desto ausführlicher und genauer sollte die Leistungsbeurteilung ausfallen. Zur Bewertung der einzelnen Leistungskriterien haben sich die folgenden Formulierungen bewährt.

Arbeitsbereitschaft:
Arbeitsmotivation/Eigeninitiative
sehr gut: ... außergewöhnlich aktiv,
    ... zeigte stets Initiative, großen Fleiß und Eifer,
    ... identifizierte sich stets mit seiner Aufgabe und dem Betrieb,
    ... hatte immer sehr gute Ideen und gab wertvolle/weiterführende Anregungen,
    ... zeigte stets Eigeninitiative und überzeugte durch seine große Leistungsbereitschaft,
    ... ergriff selbstständig die Initiative und führte alle erforderlichen Maßnahmen entschlossen durch.

gut: ... zeigte stets Initiative, Fleiß und Eifer,
... führte alle Aufgaben mit großer Umsicht, hervorragendem Wissen und hohem Engagement aus,
... hatte oft gute Ideen und gab wertvolle/weiterführende Anregungen,
... handelte selbstständig und ging alle Arbeiten tatkräftig/engagiert an,
... handelte selbstständig und ergriff die Initiative,
... ergriff selbst die Initiative und setzte sich mit gutem Engagement für unseren Betrieb ein.

befriedigend: ... zeigte Initiative, Fleiß und Eifer,
... entwickelte zufrieden stellende Initiative und arbeitete willig,
... führte seine Aufgaben mit Umsicht, Wissen und Engagement aus,
... ergriff gelegentlich die Initiative,
... hatte gelegentlich eigene Anregungen,
... erfüllte die ihm übertragenen Aufgaben weitgehend selbstständig,
... zeigte Initiative und Einsatzbereitschaft.

ausreichend: ... erledigte Arbeiten/Aufgaben im Großen und Ganzen umsichtig und engagiert,
... zeigte bei entsprechendem Anstoß Fleiß und Eifer,
... erfüllte seine Aufgaben entsprechend unseren Erwartungen,
... führte unter Anleitung die ihm übertragenen Aufgaben aus,
... bemühte sich, Anregungen zu geben,
... zeigte Fleiß und Eifer bei entsprechendem Anstoß und entsprach der geforderten Einsatzbereitschaft.

Arbeitsbefähigung:
Können/Kenntnisse

sehr gut: ... umfassende, fundierte und vielseitige Fachkenntnisse, die er bei schwierigen Aufgaben sehr sicher einsetzte,
... beherrschte sein Arbeitsgebiet umfassend/fachlich souverän/vollkommen/hervorragend,
... besaß ein sehr gutes, jederzeit verfügbares Fachwissen,
... fand stets sehr gute/optimale Lösungen,
... fand sich in neuen Situationen sicher zurecht,
... hatte oft sehr gute Ideen,
... verfügt über hervorragende Sprachkenntnisse.

gut: ... verfügt über ein gutes, fundiertes Fachwissen und ist in der Lage, damit schwierige Aufgaben zu lösen,
... verfügt über gründliche, abgesicherte Fachkenntnisse und ist in der Lage, diese bei schwierigen Aufgaben sicher einzusetzen,
... arbeitete immer sicher und selbstständig,
... fand sich in neuen Situationen gut zurecht,
... erarbeitete gute und verwertbare Lösungen,
... verfügt über gute und fundierte Sprachkenntnisse.
befriedigend: ... verfügt über solide und brauchbare Fachkenntnisse,
... verfügt über gute Erfahrungen,
... hatte die erforderlichen Fachkenntnisse und setzte sie mit Erfolg ein,
... war in der Lage, sich den jeweiligen Situationen anzupassen,
... verfügt über solide Sprachkenntnisse.
ausreichend: ... verfügt über ein solides Grundwissen in seinem Arbeitsgebiet,
... beherrschte im Allgemeinen die Anforderungen seines Arbeitsgebiets,
... verfügt über hinreichende Fachkenntnisse,
... verfügt über Grundkenntnisse der englischen Sprache.

Ausdrucksvermögen
sehr gut: ... formulierte seine Aussagen klar, treffend und überzeugend.
gut: ... formulierte klar und drückte sich gewandt aus.
befriedigend: ... war sprachlich recht prägnant.
ausreichend: ...im Allgemeinen formulierte er prägnant.

Belastbarkeit
sehr gut: ... arbeitete unermüdlich und war sehr belastbar,
... war ein immer ausdauernder und außergewöhnlich belastbarer Mitarbeiter,
... konnte auch unter schwierigsten Arbeitsbedingungen alle ihm gestellten Aufgaben sehr gut bewältigen.
gut: ... arbeitete ausdauernd und ist gut belastbar,
... war auch starkem Arbeitsanfall jederzeit gewachsen.
befriedigend: ... war dem üblichen Arbeitsanfall/den üblichen Belastungen gewachsen,
... war belastbar und den Anforderungen gewachsen,

... war starkem Arbeitsanfall gewachsen,
... war ein ausdauernder und belastbarer Mitarbeiter.
ausreichend: ... war dem üblichen Arbeitsanfall/den üblichen Belastungen größtenteils gewachsen,
... zeigte Belastbarkeit,
... war eingeschränkt belastbar.

Arbeitsweise:
Arbeitsgüte
sehr gut: ... arbeitete äußerst gründlich und mit großer Sorgfalt,
... arbeitete sehr zuverlässig und gewissenhaft,
... arbeitete stets/immer mit größter Genauigkeit und äußerster Sorgfalt,
... erfüllte mit seiner Arbeit stets/immer höchste Ansprüche,
... die Ausführung seiner Arbeit entsprach auch in schwierigen Fällen stets unserem Qualitätsstandard.
gut: ... arbeitete stets gründlich und mit großer Sorgfalt,
... arbeitete zuverlässig und gewissenhaft,
... arbeitete stets sorgfältig und genau,
... erfüllte mit seiner Arbeit stets hohe Ansprüche,
... die Ausführung seiner Arbeit entsprach auch bei wechselnden Anforderungen unserem Qualitätsstandard.
befriedigend: ... arbeitete sorgfältig und genau,
... erfüllte mit seiner Arbeit hohe Ansprüche,
... die Ausführung seiner Arbeit entsprach unserem Qualitätsstandard.
ausreichend: ... arbeitete im Allgemeinen sorgfältig und genau,
... erfüllte mit seiner Arbeit stets unsere Ansprüche,
... die Ausführung seiner Arbeit entsprach im Allgemeinen unserem Qualitätsstandard.

Zuverlässigkeit
sehr gut: ... war ein äußerst pflichtbewusster und verschwiegener Mitarbeiter,
... war stets zuverlässig,
... arbeitete stets zuverlässig und genau,
... war stets zuverlässig und immer pflichtbewusst,
... war ein äußerst vertrauenswürdiger Mitarbeiter, der stets bereit war, die volle Verantwortung zu übernehmen,
... wir konnten uns immer auf seine Zuverlässigkeit verlassen.

Qualifiziertes Zeugnis

gut: ... war ein pflichtbewusster und vertrauenswürdiger Mitarbeiter,
... war zuverlässig,
... arbeitete stets zuverlässig und gewissenhaft,
... war ein vertrauenswürdiger Mitarbeiter und regelmäßig bereit, Verantwortung zu übernehmen.

befriedigend: ... war im Allgemeinen vertrauenswürdig,
... war im Allgemeinen zuverlässig,
... arbeitete zuverlässig und gewissenhaft,
... war ein durchaus pflichtbewusster und zuverlässiger Mitarbeiter,
... war ein insgesamt vertrauenswürdiger Mitarbeiter, der gelegentlich Verantwortung übernahm.

ausreichend: ... bewältigte die entscheidenden Arbeiten zuverlässig,
... war meistens ein zuverlässiger Mitarbeiter,
... seine Zuverlässigkeit war zufrieden stellend,
... erwähnenswert ist auch seine Zuverlässigkeit.

Verhandlungsgeschick
sehr gut: ... war ein überzeugender und versierter Verhandlungspartner.
gut: ... war ein gewandter Verhandlungspartner.
befriedigend: ... war im Verhandeln durchaus geschickt.
ausreichend: ... war im Verhandeln im Allgemeinen geschickt.

Arbeitstempo
sehr gut: ... arbeitete außergewöhnlich schnell und zügig.
gut: ... arbeitete schnell und zügig.
befriedigend: ... arbeitete zügig.
ausreichend: ... arbeitete beständig.

Arbeitserfolg:
Arbeitsmenge
sehr gut: ... seine Arbeitsmenge lag weit über unseren Erwartungen,
... arbeitete stets besonders überlegt und wirksam,
... erzielte stets optimale Lösungen,
... die Qualität seiner Arbeit erfüllte stets unsere höchsten Ansprüche,
... übertraf mit seinen Arbeitsergebnissen stets unsere Erwartungen.

gut: ... seine Arbeitsmenge lag über unseren Erwartungen,
... arbeitete stets überlegt und wirksam,
... erzielte stets gute Lösungen,
... die Qualität seiner Arbeit entsprach stets unseren hohen Ansprüchen,
... lag mit seinen Arbeitsergebnissen über dem Durchschnitt.
befriedigend: ... seine Arbeitsmenge entsprach unseren Erwartungen,
... arbeitete gleichmäßig,
... erzielte gute Lösungen,
... die Qualität seiner Arbeit entsprach unseren hohen Ansprüchen,
... seine Arbeitsergebnisse erfüllten unsere Erwartungen in vollem Umfang.
ausreichend: ... seine Arbeitsmenge entsprach im Allgemeinen unseren Erwartungen,
... arbeitete im Allgemeinen gleichmäßig,
... seine Arbeitsqualität war im Allgemeinen zufrieden stellend,
... die Qualität seiner Arbeit entsprach unseren Ansprüchen,
... die Arbeitsergebnisse waren ausreichend.

Die Formulierungsvorschläge sind Beispiele der allgemein üblichen Zeugnissprache. In der Praxis werden diesen Formulierungen feststehende Wertungen zugeordnet. Mehr noch: Es wird davon ausgegangen, dass Sie als Zeugnisaussteller damit vertraut sind und gezielt zu Standardformulierungen greifen. Da Arbeitsanforderungen und Arbeitsleistungen nicht einheitlich sind, ist es notwendig, verschiedene Bewertungen zu verknüpfen. Sie sollten trotz Standardformulierungen versuchen, Ihrem persönlichen Schreibstil treu zu bleiben. Dadurch schreiben Sie jedem Arbeitnehmer ein individuelles Arbeitszeugnis.

Beispiel: Herr Krause, der Kraftfahrer aus dem Beispiel auf Seite 21, legte zwar bei der Erledigung seiner Aufgaben ein enormes Tempo an den Tag und war zudem überdurchschnittlich belastbar, aber bei der Möbelmontage unterliefen ihm gelegentlich leichte Fehler, da ihm die Fachkenntnisse dafür fehlten. Seine Leistungsbewertung könnte im Zeugnis folgendermaßen ausfallen: ... Herr Krause war stets mit großem Fleiß und Eifer bei der Arbeit und erledigte die Aufträge außergewöhnlich schnell und zügig (sehr gute Arbeitsbereitschaft und sehr gutes Arbeitstempo). Er verfügte über gute Erfahrungen bei der Möbelmontage und seine Arbeitsergebnisse entsprachen stets unseren Anforderungen (befriedigende Kenntnisse und ausreichende Arbeitsgüte). Insgesamt waren wir mit den Leistungen von Herrn Krause während der gesamten Beschäftigungszeit voll und ganz zufrieden (zusammenfassende, allgemein gute Leistungsbeurteilung).

Beurteilung der Führung
Neben der Leistungsbeurteilung hat der Arbeitgeber im Zeugnis zudem die Führung im Arbeitsverhältnis zu bewerten. Dazu müssen Sie beurteilen, wie sich der Arbeitnehmer in die betriebliche Ordnung eingepasst hat, ob er sich bei der Arbeit kooperativ, freundlich, aufgeschlossen und kritikfähig zeigte und wie sein Verhalten gegenüber Vorgesetzten, Kollegen und gegebenenfalls Publikum oder Kunden war. Hat das Arbeitsverhältnis nur kurz bestanden, genügt es, eine allgemeine Beurteilung der Führungseigenschaften vorzunehmen. Je länger der Arbeitnehmer aber für Sie tätig war, desto ausführlicher sollten Sie auf einzelne Führungsmerkmale (Verantwortungsbereitschaft, Sozialverhalten, Beachtung von Vorschriften, Führungsqualitäten) im Zeugnis eingehen.

Die Beurteilung der persönlichen Führung darf sich nur auf die berufliche Situation beziehen. Das außerdienstliche Verhalten des Arbeitnehmers dürfen Sie im Zeugnis nur berücksichtigen, wenn es sich auf sein betriebliches Verhalten nachhaltig ausgewirkt hat und für seine Gesamtbeurteilung typisch und wesentlich ist. Die parteipolitische, weltanschauliche oder gewerkschaftliche Orientierung des Arbeitnehmers darf im Zeugnis grundsätzlich nicht erwähnt werden. Die Aufzählung von Straftaten hat im Arbeitszeugnis ebenfalls nichts zu suchen, es sei denn, sie stehen mit dem Arbeitsverhältnis in direktem Zusammenhang, sind nachgewiesen, von erheblichem Gewicht und für die Gesamtbeurteilung ausschlaggebend.

Beispiel: Eine Kassiererin wird wegen Unterschlagung und Diebstahl bei der Arbeit rechtskräftig verurteilt. Der Arbeitgeber hat sie deshalb fristlos entlassen. Dies muss im Zeugnis erwähnt werden, schon allein, um der Wahrheitspflicht zu genügen.

38 Für jeden Zeugnistyp die richtige Formulierung

Für die Beurteilung des Führungsverhaltens gilt ebenfalls der Grundsatz des Wohlwollens und der Förderung des beruflichen Fortkommens. Doch darf das Wohlwollen nicht dazu führen, dass schöngefärbte oder sogar wahrheitswidrige Zeugnisse geschrieben werden. Sie müssen beim Verfassen des Zeugnisses die Interessen des zukünftigen Arbeitgebers mit berücksichtigen, auch wenn Sie damit im Einzelfall das berufliche Fortkommen des Arbeitnehmers nicht fördern. Im Klartext heißt das: Verschweigen Sie nichts, was für die Gesamtbewertung von elementarer Bedeutung ist und loben Sie den Arbeitnehmer nicht über den grünen Klee, wenn es dafür keinen Grund gibt.

> **Beispiel:** Frau Herzog wurde wegen fortgesetzter Untreue, Urkundenfälschung und Unterschlagung zum Nachteil ihres Arbeitgebers rechtskräftig verurteilt. Der Arbeitgeber hat sie fristlos entlassen. Er stellte ihr dennoch ein Zeugnis aus, in dem er die Straftaten verschweigt und das persönliche Führungsverhalten von Frau Herzog beschönigt. Dieses Wohlwollen ist natürlich übertrieben und außerdem, da es dem Wahrheitsgedanken widerspricht, unzulässig.

Zudem setzt sich ein Arbeitgeber, der ein wahrheitswidriges Zeugnis erstellt hat, der Gefahr aus, dass er schadenersatzpflichtig gemacht wird (mehr dazu in Kapitel 4).

TIPP:
Sie sind an Ihre Formulierungen gebunden. Sie können nicht gleichzeitig wegen schlechter Leistung kündigen und dem Arbeitnehmer ein ausgezeichnetes Zeugnis ausstellen.

Für die Beurteilung der persönlichen Führungseigenschaften gibt es ein Repertoire allgemein gültiger Formulierungen in den Abstufungen sehr gut bis ungenügend. Bedenken Sie bitte, dass die Bewertungen mangelhaft und ungenügend nur in Frage kommen, wenn der Arbeitnehmer völlig versagt hat und sie diesen Umstand auch belegen können. Überlegen Sie wieder, wie zufrieden Sie mit dem Arbeitnehmer insgesamt waren. Sein Führungsverhalten würden Sie bezeichnen als:

Sehr gut, dann übertraf er die gestellten Anforderungen bei weitem. Sein Verhalten und seine Umgangsformen waren immer hervorragend und er gehörte zu den Mitarbeitern, die von allen am meisten geschätzt wurden.
Gebräuchliche Formulierungen für *sehr gutes* Führungsverhalten sind:
»Sein persönliches Verhalten war immer vorbildlich und er wurde von Vorgesetzten, Kollegen und Kunden gleichermaßen sehr geschätzt«,
»Er war stets hilfsbereit«,
»Er wurde wegen seines freundlichen Wesens und seiner kollegialen Haltung bei Vorgesetzten, Kollegen (und Kunden) gleichermaßen sehr geschätzt.«

Gut, dann hat sich der Arbeitnehmer überdurchschnittlich gut verhalten und damit die Anforderungen übertroffen. Er war bei allen ein beliebter und anerkannter Mitarbeiter.
Gebräuchliche Formulierungen für *gutes* Führungsverhalten sind:
»Sein persönliches Verhalten war stets einwandfrei/vorbildlich und er wurde von Vorgesetzten, Kollegen (und Kunden) gleichermaßen geschätzt«,
»Er war hilfsbereit«,
»Er wurde wegen seines freundlichen Wesens und seiner kollegialen Haltung bei Vorgesetzten, Kollegen (und Kunden) gleichermaßen geschätzt.«

Befriedigend, dann erfüllte der Arbeitnehmer die Anforderungen, indem er sich einwandfrei verhielt. Sein Führungsverhalten war nicht zu beanstanden.
Gebräuchliche Formulierungen für *befriedigendes* Führungsverhalten sind:
»Sein Verhalten war gegenüber Vorgesetzten, Kollegen (und Kunden) einwandfrei«,
»Sein Verhalten war gegenüber Vorgesetzten, Kollegen (und Kunden) nicht zu beanstanden«,
»Sein kollegiales Verhalten wurde von Vorgesetzten und Kollegen gleichermaßen geschätzt.«

Ausreichend, dann hat das Führungsverhalten des Arbeitnehmers gelegentlich Mängel aufgewiesen. Er erfüllte die Erwartungen nicht

immer und sein persönliches Verhalten war nicht immer frei von Beanstandungen. Trotzdem entsprach er insgesamt noch den betrieblichen Anforderungen.
Gebräuchliche Formulierungen für *ausreichendes* Führungsverhalten sind:
»Sein Verhalten war gegenüber Vorgesetzten, Kollegen und Kunden höflich und korrekt und seine Führung gab uns keinen Anlass zu Beanstandungen«,
»Sein Verhalten war insgesamt einwandfrei.«

Mangelhaft, dann entsprach das persönliche Verhalten des Arbeitnehmers nicht den betrieblichen Anforderungen. Der Arbeitnehmer war für den Betrieb nicht haltbar. Es ist aber zu erkennen, dass er bemüht war, sein Verhalten zu ändern.
Gebräuchliche Formulierungen für *mangelhaftes* Führungsverhalten sind:
»Sein Verhalten war im Wesentlichen einwandfrei«,
»Sein Verhalten war gegenüber Kollegen und Kunden einwandfrei« (deutet auf Probleme mit Vorgesetzten hin),
»Sein Verhalten war gegenüber Vorgesetzten und Kunden einwandfrei« (deutet auf Probleme mit Kollegen hin).

Einzelne Führungsmerkmale im Überblick
Wollen Sie die Führungseigenschaften des Arbeitnehmers nicht nur allgemein, sondern differenziert und einzeln beurteilen, dann orientieren Sie sich am besten an den Führungsmerkmalen *Verantwortungsbereitschaft, Sozialverhalten, Beachtung von Vorschriften* und *Führungsqualitäten*. Die einzelne Bewertung wird erforderlich, wenn der Arbeitnehmer kein einheitliches Führungsverhalten aufweist, er z. B. sehr gute Verantwortungsbereitschaft zeigt, aber sein Verhalten gegenüber Vorgesetzten und Kollegen nicht immer einwandfrei ist. Auch bei einem lang andauernden Arbeitsverhältnis oder einer qualifizierten Tätigkeit ist eine ausführliche und differenzierte Beurteilung der persönlichen Führung erforderlich. Die unterschiedlichen Führungsmerkmale lassen sich folgendermaßen zusammenfassen:

Verantwortungsbereitschaft: Die Bereitschaft, Verantwortung für die eigenen beruflichen Aufgaben oder auch – je nach Position – für die Belange des Unternehmens zu übernehmen.

Sozialverhalten: Das Verhalten gegenüber Vorgesetzten, Kollegen und Publikum oder Kunden.

Beachtung von Vorschriften: Die Einhaltung von Unfallverhütungsvorschriften oder von sonstigen Sicherheitsgeboten, aber auch der Betriebsordnung.

Führungsqualitäten: Beurteilt die Fähigkeiten der Mitarbeiterführung und des wirtschaftlichen Handelns von Führungskräften. Für die einzelnen Merkmale stehen folgende Standardformulierungen zur Verfügung:

Verantwortungsbereitschaft:
sehr gut: ... war im besonderen Maße verantwortungsbereit und genoss unser absolutes Vertrauen,
gut: ... war jederzeit verantwortungsbereit und sehr vertrauenswürdig,
befriedigend: ... war verantwortungsbereit und vertrauenswürdig,
ausreichend: ... war im Allgemeinen verantwortungsbereit.

Sozialverhalten:
sehr gut: ... sein Benehmen und seine Haltung gegenüber Vorgesetzten waren hervorragend,
... auf gute Zusammenarbeit mit seinen Kollegen legte er besonderen Wert und förderte sie aktiv,
... sein Verhalten gegenüber Publikum war sehr sicher und zuvorkommend.
gut: ... sein Verhalten gegenüber Vorgesetzten war stets korrekt und loyal,
... er unterstützte die gute Zusammenarbeit mit seinen Kollegen,
... sein Verhalten gegenüber Kunden war sicher und taktvoll.
befriedigend: ... sein Verhalten gegenüber Vorgesetzten gab keinen Anlass zu Beanstandungen,
... er arbeitete gern mit seinen Kollegen zusammen,
... sein Verhalten gegenüber unseren Kunden war korrekt.
ausreichend: ... gegenüber Vorgesetzten war sein Verhalten gelegentlich schwierig,
... im Kollegenkreis fügte er sich ein und war kontaktbereit,
... sein Verhalten gegenüber unserem Publikum war im Allgemeinen korrekt.

Beachtung von Vorschriften:
sehr gut: ... beachtete die geltenden Vorschriften vorbildlich und hielt auch seine Kollegen stets zur Beachtung der Sicherheitsvorschriften an.
gut: ... beachtete die geltenden Vorschriften zuverlässig und hielt auch seine Kollegen zur Beachtung der Sicherheitsvorschriften an.
befriedigend: ... beachtete die geltenden Vorschriften ordnungsgemäß.
ausreichend: ... beachtete die geltenden Vorschriften in der Regel ordnungsgemäß.

Führungsqualitäten:
sehr gut: ... wurde als Vorgesetzter immer voll anerkannt,
... war ein hervorragender Vorgesetzter,
... er verstand es ausgezeichnet, seine Mitarbeiter zu führen und zu fördern, er informierte sie umfassend und delegierte Aufgaben und Verantwortungen optimal,
... er verstand es, seine Mitarbeiter in hervorragender Weise zu überzeugen und zu motivieren. So konnten alle ihm übertragenen Aufgaben mit großem Erfolg realisiert werden,
... seine Arbeitsweise ist außergewöhnlich kostenbewusst und wirtschaftlich und er leistete einen wesentlichen Beitrag zum wirtschaftlichen Erfolg des Unternehmens.
gut: ... wurde als Vorgesetzter geachtet,
... er förderte seine Mitarbeiter und informierte sie über alles Erforderliche. Aufgaben und Verantwortung wurden von ihm gut delegiert,
... er verstand es, seine Mitarbeiter zu überzeugen und die Zusammenarbeit zu fördern. Er erreichte hohe Arbeitsergebnisse, da er Aufgaben und Verantwortungen delegierte,
... unser Betrieb konnte von seiner sehr kostenbewussten und wirtschaftlichen Arbeitsweise profitieren.
befriedigend: ... war ein Vorgesetzter, der geschätzt wurde,
... setzte sich für seine Mitarbeiter ein und gab ihnen die sachlich notwendigen Informationen weiter. Aufgaben und Verantwortungen delegierte er oft,
... seine Mitarbeiter wurden von ihm zielsicher zu überdurchschnittlichen Leistungen geführt,
... seine Arbeitsweise war kostenbewusst und wirtschaftlich.

ausreichend: ... war in der Lage, seine Mitarbeiter anzuleiten und verantwortlich zu führen,
... war ein Vorgesetzter, der sich für die Probleme seiner Mitarbeiter interessierte und gelegentlich Aufgaben delegierte,
... seine Mitarbeiter wurden von ihm motiviert. Dadurch erreichte er stets voll befriedigende Leistungen,
... er arbeitete in der Regel wirtschaftlich.

Berufsspezifische Beurteilungskriterien
Jede Tätigkeit und jeder Beruf hat eigene, charakteristische Merkmale und verlangt nach Verhaltensweisen, die den jeweiligen Anforderungen entsprechen. Deutlich wird es bei der Lektüre des Stellenmarktes in der Zeitung: Neben den eigentlichen Berufsqualifikationen im engeren Sinne (z. B. Berufserfahrung, Spezialkenntnisse in EDV, Fremdsprachen etc.), sind regelmäßig auch Qualifikationen im weiteren Sinne (Persönlichkeit, Auftreten und Verhalten) für den Arbeitsplatz gefragt. So wird von einer Sicherheitskraft verlangt, dass sie Verantwortungsbewusstsein, Engagement, Flexibilität sowie ein höflich bestimmtes und sicheres Auftreten hat und von einer Sekretärin wird eine zuverlässige und engagierte Arbeitsweise sowie ein freundlicher Umgangston erwartet.

Der Zeugnisverfasser sollte sich bei der Auswahl und Bewertung berufsspezifischer Merkmale an den Anforderungen des konkreten Arbeitsplatzes orientieren. Für einen Ausbilder sind u. a. pädagogische und didaktische Fähigkeiten sowie positive Führungseigenschaften für den Umgang mit jungen Menschen unentbehrlich. Von einem Außendienstmitarbeiter wird unter anderem Erfolg und Ausdauer, aber auch Frustrationstoleranz erwartet. Eine Buchhalterin muss ein gutes Gefühl für Zahlen mitbringen und ein Graphiker sollte kreativ sein. Bei einer Empfangsdame sind immer gute Umgangsformen, Kontaktfähigkeit und ein gepflegtes Äußeres gefragt. Diese Beispiele lassen sich beliebig ergänzen, da jede Aufgabe dem Arbeitnehmer andere Eigenschaften abverlangt. Diese berufsspezifischen Merkmale müssen in das Arbeitszeugnis aufgenommen werden. Fehlen sie, so kann dies leicht zu Fehlinterpretationen führen.

Fehlt bei einer Hausangestellten, Schmuckverkäuferin oder Kassiererin die Ehrlichkeit im Zeugnis, so stellt sich die Frage, ob der Arbeitgeber bestohlen wurde. Bleibt die Unfallfreiheit beim Kraftfahrer unerwähnt, so liegt der Schluss nahe, dass der Arbeitgeber auf Unfallhäufigkeit hinweisen wollte. Der Hinweis auf die Zuverlässigkeit darf im Zeugnis von Lohn- oder Finanzbuchhaltern, Personalsachbearbeitern, Chefsekretärinnen und Berufskraftfahrern (auch Lok- und Straßenbahnfahrern) nicht fehlen. Im Zeugnis einer Führungskraft sollten Aussagen über das Sozialverhalten (Führungsstil, Führungsqualität, Führungserfolg) berücksichtigt werden. Es ist natürlich auch denkbar, dass dem Zeugnisverfasser die Bedeutung berufsspezifischer Merkmale nicht bekannt war und er sie deshalb nicht besonders hervorgehoben hat. Im Zweifelsfall empfiehlt es sich, Rücksprache mit dem vorherigen Arbeitgeber zu halten, damit eine zweifelsfreie Interpretation möglich ist.

Zusammenfassende Gesamtbeurteilung
In der betrieblichen Praxis hat es sich durchgesetzt, dass im Zeugnis eine abschließende Gesamtbeurteilung vorgenommen wird. Zum Teil verzichten Zeugnisverfasser sogar auf ausführliche Bewertungen und fassen – selbst bei langjähriger Betriebszugehörigkeit des Mitarbeiters – die Leistungs- und Führungsbeurteilungen nur kurz zusammen. Standardformulierungen für eine Gesamtbeurteilung sind in der Tabelle zusammengestellt.

Bewertung	Erfüllung der Aufgaben	Erfüllung der Erwartungen
sehr gut	… hat den ihm übertragenen Aufgabenbereich stets zu unserer vollsten Zufriedenheit erfüllt *oder* seine Leistungen waren stets sehr gut	… hat unsere Erwartungen in jeder Hinsicht und in allerbester Weise erfüllt
gut	… hat die ihm übertragenen Aufgaben stets zu unserer vollen Zufriedenheit erfüllt *oder* seine Leistungen waren stets gut	… hat unsere Erwartungen in jeder Hinsicht in bester Weise erfüllt
befriedigend	… hat die ihm übertragenen Aufgaben zu unserer vollen Zufriedenheit erfüllt *oder* seine Leistungen waren stets befriedigend	… hat unsere Erwartungen in jeder Hinsicht erfüllt

Bewertung	Erfüllung der Aufgaben	Erfüllung der Erwartungen
ausreichend	... hat die ihm übertragenen Aufgaben zu unserer Zufriedenheit erfüllt *oder* seine Leistungen waren stets ausreichend	... hat unsere Erwartungen erfüllt
mangelhaft	... hat die ihm übertragenen Aufgaben im Großen und Ganzen zu unserer Zufriedenheit erfüllt *oder* seine Leistungen waren mangelhaft	... hat unsere Erwartungen im Großen und Ganzen erfüllt
ungenügend	... hat sich bemüht, die ihm übertragenen Aufgaben zu unserer Zufriedenheit zu erledigen *oder* seine Leistungen waren unzureichend	... hat sich bemüht, unsere Erwartungen zu erfüllen

Das Wichtigste in Kürze

1. Beschreiben Sie die Arbeiten und Tätigkeiten ausführlich und genau.
2. Benennen Sie die fachliche und innerbetriebliche Entwicklung sowie die beruflichen Fortbildungsmaßnahmen des Arbeitnehmers in chronologischer Reihenfolge.
3. Benennen Sie die Dauer des Arbeitsverhältnisses genau; Fehlzeiten werden nur erwähnt, wenn sie mehr als 50 % der gesamten Beschäftigungszeit ausmachen.
4. Wenn der Arbeitnehmer es wünscht, ist Folgendes im qualifizierten Zeugnis aufzunehmen:
   - Betriebsratstätigkeit oder gewerkschaftliche Funktion
   - Grund für längere Fehlzeiten
   - Grund für die Auflösung des Arbeitsverhältnisses
   - Wer war Initiator für die Beendigung?
   - Mit welcher Frist wurde das Arbeitsverhältnis aufgelöst?
5. Ein qualifiziertes Zeugnis brauchen Sie nur auf Verlangen auszustellen.
6. Ein qualifiziertes Zeugnis muss den Grundsätzen von Wahrheit und Wohlwollen entsprechen und darf das weitere berufliche Fortkommen nicht erschweren.

7. Im qualifizierten Zeugnis erfahren die Leistungs- und Führungsqualitäten des Arbeitnehmers eine Bewertung durch Sie.
8. Für die Bewertung stehen Ihnen die Abstufungen sehr gut bis ungenügend zur Verfügung.
9. Eine Leistungsbeurteilung umfasst die Arbeitsbereitschaft, die Arbeitsbefähigung, die Arbeitsweise und den Arbeitserfolg.
10. Bei der Führungsbeurteilung werden die Eigenschaften Verantwortungsbereitschaft, Sozialverhalten, Beachtung von Vorschriften und ggf. Führungsqualitäten begutachtet.
11. Berufs- und tätigkeitsspezifische Leistungs- und Führungsmerkmale sollten beachtet und verwendet werden.

Zwischenzeugnis

Der Arbeitnehmer hat die Möglichkeit, während des Arbeitsverhältnisses ein qualifiziertes Zwischenzeugnis über die Art und Dauer seiner Beschäftigung und seiner Leistungen und Führung zu verlangen. Er muss allerdings ein berechtigtes Interesse an der Zeugniserteilung haben. Gründe für ein Zwischenzeugnis sind in folgenden Fällen gegeben:

- Der Arbeitnehmer benötigt das Zwischenzeugnis als Bewerbungsunterlage. Das ist z. B. der Fall, wenn die Beendigung des Arbeitsverhältnisses sicher bevorsteht, weil eine Kündigung ausgesprochen wurde oder ausgesprochen werden soll oder ein Aufhebungsvertrag verhandelt wird. Aber auch ohne arbeitgeberseitige Kündigungsabsicht kann der Arbeitnehmer ein Zwischenzeugnis verlangen, wenn er selbst auf der Suche nach einem neuen Arbeitsplatz ist.
- Der Arbeitnehmer benötigt das Zwischenzeugnis zur Dokumentation seiner bisherigen Tätigkeit. Das ist der Fall, wenn er versetzt wird und vor allem, wenn er zudem noch mit einer anderen Tätigkeit betraut wird. Beim Vorgesetztenwechsel muss ebenfalls auf Verlangen ein Zwischenzeugnis ausgestellt werden. Auch bei organisatorischen Änderungen im Betrieb, die Auswirkungen auf das Arbeitsverhältnis haben, ist ein Zwischenzeugnis zu erstellen.
- Der Arbeitnehmer kann auch ein Zwischenzeugnis verlangen, wenn das Arbeitsverhältnis für längere Zeit unterbrochen wird (z. B. Elternzeit, Einberufung zum Wehr- oder Zivildienst, Übernahme eines politischen Mandats).

- Es gibt weitere Fälle, für die ein Zwischenzeugnis benötigt werden kann, z. B. für die Zulassung zu einer berufsbegleitenden Fortbildungsmaßnahme, für die Zulassung zu einer Prüfung, zur Vorlage bei Behörden, Gerichten oder zur Kreditgewährung bei einer Bank.

Da es sich beim Zwischenzeugnis ebenfalls um ein qualifiziertes Zeugnis handelt, gelten hierfür die Ausführungen der vorherigen Abschnitte.

Inhalt und Gliederung

1. *Firmenbriefpapier* mit Namen und Anschrift des Unternehmens
2. *Überschrift* (hier: Zwischenzeugnis)
3. *Personalien*
   - Vorname und Familienname, bei Verheirateten oder Geschiedenen ggf. auch der Geburtsname
   - Geburtsdatum; Geburtsort wird heute oft weggelassen
   - akademische und öffentlich-rechtliche Titel
4. *Gesamtdauer* der Beschäftigung (genaues Eintritts- und Austrittsdatum) und *Funktion* im Betrieb
5. *Aufgabenbeschreibung*
   - Beschreibung der Tätigkeiten und Aufgaben in chronologischer Reihenfolge
   - Position in der betrieblichen Hierarchie
   - Kompetenzen, Verantwortung
   - Erläuterung des Unternehmens, ggf. der Branche
6. eventuell: *Fortbildungsmaßnahmen*
7. *Leistungsbeurteilung*
   - Arbeitsbereitschaft/Arbeitsmotivation/Eigeninitiative
   - Arbeitsbefähigung/Können/Kenntnisse
   - Ausdrucksvermögen
   - Belastbarkeit
   - Arbeitsweise/Arbeitsgüte
   - Zuverlässigkeit
   - Verhandlungsgeschick
   - Arbeitstempo
   - Arbeitserfolg/Arbeitsmenge

> 8. *Verhaltensbeurteilung*
>   - Eigenschaften/Verantwortungsbereitschaft
>   - Vertrauenswürdigkeit und Loyalität
>   - Sozialverhalten (Verhalten gegenüber Vorgesetzten, Kollegen und Dritten, z. B. Kunden, Geschäftspartner)
>   - Führungsverhalten (z. B. Mitarbeiterführung)
> 9. *Zusammenfassende Gesamtbeurteilung*
> 10. *Grund für die Erteilung des Zwischenzeugnisses*
>   - z. B. Vorgesetztenwechsel, betriebliche Umstrukturierungen etc.
> 11. *Ort, Datum, Unterschrift*

Wenn Sie dem Arbeitnehmer bereits ein Zwischenzeugnis ausgestellt haben und er nunmehr ein Endzeugnis verlangt, so sind Sie an Ihre früheren Formulierungen grundsätzlich gebunden. Am Ende des Textes sollten Sie den Grund für die Erteilung des Zwischenzeugnisses aufnehmen (z. B. Vorgesetztenwechsel, Umstrukturierungen, Unterbrechung des Arbeitsverhältnisses etc.). Damit dokumentieren Sie den Anlass für die Zeugniserteilung.

Das Wichtigste in Kürze

1. Ein Zwischenzeugnis wird im bestehenden Arbeitsverhältnis ausgestellt.
2. Der Arbeitnehmer kann ein Zwischenzeugnis nur verlangen, wenn er dafür einen triftigen Grund hat.
3. Der Inhalt des Zwischenzeugnisses entspricht dem des qualifizierten Zeugnisses.
4. Benennen Sie am Ende des Zeugnisses den Grund für seine Ausstellung.

Berufsausbildungszeugnis

Am Ende der Berufsausbildung – aber auch beim vorzeitigen Abbruch – muss der Arbeitgeber dem Auszubildenden, dem Umschüler oder auch dem Arbeitnehmer, der eine berufliche Fortbildung betreibt, ein Zeugnis ausstellen. Hat der Ausbilder (Lehrherr) die

Ausbildung nicht selbst durchgeführt, so soll auch der Ausbilder das Zeugnis unterschreiben. Auch hier wird zwischen dem einfachen und dem qualifizierten Ausbildungszeugnis unterschieden.

Inhalt und Gliederung

1. *Firmenbriefpapier* mit Namen und Anschrift des Unternehmens
2. *Überschrift* (hier: Ausbildungszeugnis)
3. *Personalien*
    - Vorname und Familienname, bei Verheirateten oder Geschiedenen ggf. auch der Geburtsname
    - Geburtsdatum; Geburtsort wird heute oft weggelassen
4. *Gesamtdauer* des tatsächlichen Ausbildungsverhältnisses
5. *Beschreibung der Berufsausbildung*
    - Art der Ausbildung
    - Ziel der Ausbildung
6. erworbene *Kenntnisse und Fähigkeiten*
  (zusätzlich beim qualifizierten Ausbildungszeugnis:
7. *Verhaltens- und Leistungsbeurteilung u.a.:*
    - Teamfähigkeit und Kooperationsbereitschaft
    - Interesse
    - Fleiß, Ehrgeiz und Eifer
    - Auffassungsgabe
    - Arbeitsmenge
    - Arbeitstempo
    - Sorgfalt und Gewissenhaftigkeit
    - Geschick
    - Ordnungs- und Sauberkeitssinn
8. *Zusammenfassende Gesamtbeurteilung*
9. Benennung der *Industrie- und Handelskammer bzw. Handwerkskammer*, vor der die Abschlussprüfung bestanden wurde, mit *Ort und Note*
10. *Gute Wünsche* für den weiteren beruflichen Lebensweg
11. *Ort, Datum, Unterschrift*

Unter bestimmten Voraussetzungen kann der Auszubildende von Ihnen die Ausstellung eines Zwischenzeugnisses verlangen. Diese Voraussetzungen sind:
- Die Ausbildung wird abgebrochen oder
- ein Wechsel des Ausbildungsberufs oder des Ausbildungsbetriebs ist geplant oder
- der Auszubildende wird nach Ende der Ausbildung nicht übernommen und muss sich daher frühzeitig neu bewerben.

Einfaches Ausbildungszeugnis
Ohne dass es vom Auszubildenden verlangt wird, ist ihm immer ein einfaches Ausbildungszeugnis zu schreiben. Dieses Zeugnis muss Angaben über Art, Dauer und Ziel der Berufsausbildung sowie über die in der Ausbildungszeit erworbenen Fertigkeiten und Kenntnisse des Auszubildenden enthalten. Beschreiben Sie in chronologischer Reihenfolge, welche Stationen der Auszubildende durchlaufen hat und welche Fertigkeiten und Kenntnisse von ihm erworben wurden, sodass sich ein Dritter davon ein umfassendes Bild machen kann.

Sie sollten ebenfalls erwähnen, wann und vor welcher Industrie- und Handelskammer oder Handwerkskammer und in welchem Ort die Abschlussprüfung bestanden wurde. Fehlt dieser Hinweis, so wird möglicherweise das Nichtbestehen angenommen. Wurde die Ausbildungszeit wegen guter Leistungen verkürzt, so darf auch diese Tatsache im Zeugnis nicht fehlen.

Qualifiziertes Ausbildungszeugnis
Nur auf Verlangen des Auszubildenden ist ihm ein qualifiziertes Arbeitszeugnis zu erstellen. Das qualifizierte Zeugnis enthält Angaben über Art, Dauer und Ziel der Berufsausbildung sowie über seine in der Ausbildungszeit erworbenen Fertigkeiten und Kenntnisse und es beurteilt darüber hinaus die Führung, Leistung und besonderen fachlichen Fähigkeiten des Auszubildenden.

Diese drei Begriffe bilden eine untrennbare Einheit, d.h. Sie müssen zu jeder Position Stellung nehmen. Die Beurteilung z. B. allein der Leistungen ist nicht vorgesehen. Für den Auszubildenden ist ein qualifiziertes Zeugnis besonders wichtig, da die darin vorgenommenen Bewertungen sich positiv oder negativ auf seine weitere berufliche Entwicklung auswirken werden. Sie sollten daher – besonders bei jugendlichen Auszubildenden – das Zeugnis nicht zu streng formulieren, sondern sich vielmehr großzügig vom Gedanken des Wohlwollens und der Förderung seines beruflichen Fortkommens leiten lassen.

Sofern der Auszubildende besondere fachliche Fähigkeiten gezeigt hat, sind diese von Ihnen im Zeugnis zu benennen. Das kann z. B. eine sich abzeichnende Spezialisierung oder auch die Folge einer zusätzlichen beruflichen Fortbildung sein. Ein solches Engagement sollten Sie immer positiv hervorheben.

Das Wichtigste in Kürze

1. Dem Auszubildenden ist am Ende der Berufsausbildung ein einfaches Ausbildungszeugnis zu erstellen.
2. Das einfache Ausbildungszeugnis enthält Angaben über Art, Dauer und Ziel der Berufsausbildung sowie über die in der Ausbildung erworbenen Fertigkeiten und Kenntnisse.
3. Auf Verlangen muss dem Auszubildenden ein qualifiziertes Zeugnis ausgestellt werden.
4. Im qualifizierten Zeugnis werden Angaben zur Leistung, Führung und zu besonderen fachlichen Fähigkeiten des Auszubildenden gemacht.
5. Unter bestimmten Voraussetzungen kann der Auszubildende ein Zwischenzeugnis verlangen.

Arbeitsbescheinigungen

Verlangt der Arbeitnehmer eine Arbeitsbescheinigung, weil sie von anderer Stelle von ihm eingefordert wird, z. B. vom Arbeitsamt, wenn der Arbeitnehmer sich arbeitslos melden möchte, so muss der Arbeitgeber sie ausstellen. Sie ersetzt kein Zeugnis und sollte auch nicht damit verwechselt werden. Es gibt zwei verschiedene Arbeitsbescheinigungen: die allgemeine Arbeitsbescheinigung und die Arbeitsbescheinigung nach § 312 Sozialgesetzbuch III (SGB III), die am Ende des Beschäftigungsverhältnisses für das Arbeitsamt ausgefüllt werden muss.

Allgemeine Arbeitsbescheinigung

Vom Arbeitnehmer kann eine Arbeitsbescheinigung für verschiedene Zwecke benötigt werden, z. B. für die Inanspruchnahme eines Kredits bei der Bank, für die Beantragung von sozialstaatlichen

Leistungen (z. B. Wohngeld, Erziehungsgeld etc.), zur Aufnahme des Studiums, für die Beantragung eines Stipendiums, als Nachweis für die Krankenkasse oder für die Inanspruchnahme von verbilligten Fahrkarten.

> **Inhalt und Gliederung**
>
> 1. *Firmenbriefpapier* mit Namen und Anschrift des Unternehmens
> 2. *Überschrift* (hier: Arbeitsbescheinigung)
> 3. *Personalien*
>   - Vorname und Familienname, bei Verheirateten oder Geschiedenen ggf. auch der Geburtsname
>   - Geburtsdatum; Geburtsort wird heute oft weggelassen
> 4. - *Nachweis* über ein *bestehendes Arbeitsverhältnis* – oder
>   - *Nachweis* über die *Dauer des Arbeitsverhältnisses* – oder
>   - *Nachweis* über die *Höhe des Arbeitsentgelts* – oder
>   - *Nachweis* je *nach Anforderung*
> 5. Ort, Datum, Unterschrift

Aufgrund Ihrer Fürsorgepflicht müssen Sie dem Arbeitnehmer die verlangte Arbeitsbescheinigung ausstellen. Aussagen über die Art der Tätigkeit sind in der Arbeitsbescheinigung in der Regel nicht enthalten. Je nach Zweck und Anforderung ist die Arbeitsbescheinigung ein

- Nachweis über ein bestehendes Arbeitsverhältnis

> **Beispiel:** Wir bestätigen, dass Herr Kurz bei uns in einem ungekündigten Arbeitsverhältnis steht. Oder: Seit dem 1.4.2000 steht Herr Kurz bei uns in einem ungekündigten Arbeitsverhältnis.

- Nachweis über die Dauer des Arbeitsverhältnisses

> **Beispiel:** Herr Bode ist seit dem 1.4.2000 bei uns beschäftigt. Oder: Vom 1.4.2000 bis zum 31.7.2003 war Herr Bode bei uns beschäftigt.

Arbeitsbescheinigungen 53

- Nachweis über die Höhe des Arbeitsentgelts

> **Beispiel:** Das monatliche Bruttoeinkommen von Herrn Hübner beträgt 2.100,– Euro.
> Oder: Herr Hübner steht bei uns in einem ungekündigten Arbeitsverhältnis und sein Gehalt beträgt 2.100,– Euro.

Das Wichtigste in Kürze

1. Arbeitsbescheinigungen werden vom Arbeitnehmer für bestimmte Zwecke benötigt.
2. Aufgrund Ihrer Fürsorgepflicht müssen Sie dem Arbeitnehmer die verlangte Arbeitsbescheinigung ausstellen.
3. Die Arbeitsbescheinigung ersetzt kein Zeugnis.

Arbeitsbescheinigung gemäß § 312 SGB III

Endet das Arbeitsverhältnis, so muss der Arbeitgeber nach § 312 SGB III dem Arbeitnehmer eine Arbeitsbescheinigung unter Verwendung des Vordrucks des Arbeitsamtes ausstellen. Auf dieser Arbeitsbescheinigung müssen Sie Fragen nach der Art der Tätigkeit, Beginn, Unterbrechung, Ende und Grund für die Beendigung des Beschäftigungsverhältnisses sowie zum Arbeitsentgelt und etwaigen sonstigen Leistungen (Abfindung, Entschädigung) wahrheitsgemäß beantworten. Die Ermittlung der Daten dient als Grundlage für die Gewährung von Arbeitslosengeld oder Arbeitslosenhilfe. Aufgrund öffentlich-rechtlicher Verpflichtung gegenüber dem Arbeitsamt müssen Sie die Arbeitsbescheinigung ausfüllen. Sollten Sie vorsätzlich oder fahrlässig dieser Verpflichtung nicht nachkommen, so besteht ein Schadenersatzanspruch des Arbeitnehmers und der Bundesanstalt für Arbeit gegen Sie. Daneben kann auch eine Geldbuße gegen Sie verhängt werden, wenn schuldhaft die Arbeitsbescheinigung nicht, nicht richtig oder nicht vollständig ausgefüllt wird. Die Arbeitsbescheinigung ist dem Arbeitnehmer am Ende des Beschäftigungsverhältnisses ausgefüllt auszuhändigen; sie ersetzt kein Zeugnis.

Abschlussfloskeln richtig formulieren

Ein Zeugnis endet in der Regel mit einer Schlussformel. Darin wird z. B. für die gute Zusammenarbeit gedankt. Auch Gründe für die Ausstellung des Zeugnisses tauchen in diesem Zusammenhang auf, obwohl sie grundsätzlich im Arbeitszeugnis nichts zu suchen haben. Aussagen darüber, wer aus welchem Grund die Beendigung des Arbeitsverhältnisses betrieben hat und mit welchen Fristen (fristgemäß oder fristlos) es beendet wurde, dürfen Sie nur auf Wunsch des Betroffenen ins Zeugnis aufnehmen. So ist z. B. der ausdrückliche Hinweis auf eine fristlose Kündigung unzulässig, selbst wenn sie am »krummen« Datum des Beendigungszeitpunktes erkennbar ist.

Wie Beendigungsanlässe umschrieben werden ...:	
Eigenkündigung	❏ verlässt uns auf eigenen Wunsch *oder* ❏ Ausscheiden erfolgt auf eigenen Wunsch
Kündigung durch den Arbeitgeber	❏ das Arbeitsverhältnis wurde beendet
Befristeter Arbeitsvertrag	❏ das Arbeitsverhältnis endet durch Fristablauf
Aufhebungsvertrag auf Initiative des Arbeitgebers	❏ Wir haben uns von Herrn Strauß einvernehmlich getrennt *oder* ❏ wir haben uns in gegenseitigem Einvernehmen getrennt
Arbeitnehmer und Arbeitgeber haben sich einvernehmlich getrennt	❏ Das Arbeitsverhältnis von Frau Finke endete in beiderseitigem Einverständnis

Es ist üblich, ein Zeugnis mit einer Abschlussformulierung zu beenden, die eine Dankes-und-Bedauerns-Formel sowie Zukunftswünsche enthält. Ein Rechtsanspruch darauf existiert jedoch nicht, obwohl Schlussformulierungen den Gesamteindruck entscheidend prägen. Zeugnisse werden deshalb in Bewerbungsverfahren häufig von hinten nach vorn gelesen, um zügig einen ersten Eindruck zu erhalten.

Ein gutes Zeugnis zeichnet aus, dass in ihm immer das Bedauern des Arbeitgebers über das Ausscheiden des Arbeitnehmers, der

Dank für die geleisteten Dienste und gute Wünsche für die berufliche und private Zukunft enthalten sind. Diese Wünsche werden oft durch die Würdigung bleibender Verdienste, Einstellungsempfehlungen, ein Wiedereinstellungsversprechen oder die Bitte um Wiederbewerbung ergänzt.

Rechtsprechung
Der Arbeitgeber ist gesetzlich nicht verpflichtet, das Arbeitszeugnis mit Formulierungen abzuschließen, in denen er dem Arbeitnehmer für die gute Zusammenarbeit dankt und ihm für die Zukunft alles Gute wünscht.
(Leitsatz des BAG vom 20.2.2001, 9 AZR 44/00, NZA 2001, S. 843)

Folgt man der Rechtsprechung des BAG, dann gehören Schlusssätze nicht zum gesetzlich geschuldeten Inhalt eines Arbeitszeugnisses, da sie nicht zwingender Bestandteil der geschuldeten Führungs- und Leistungsbeurteilung sind.
Arbeitnehmer haben keinen Rechtsanspruch darauf, dass in einem qualifizierten Arbeitszeugnis die Formel »Wir wünschen ihm für die Zukunft alles Gute und viel Erfolg« enthalten ist. Das Arbeitszeugnis muss auch nicht mit einem Schlusssatz enden, in dem das Bedauern über das Ausscheiden des Mitarbeiters ausgedrückt wird. Diese Auffassung des Bundesarbeitsgerichtes berücksichtigt nicht die betriebliche Realität. Eine in den 90-er Jahren durchgeführte wissenschaftliche Untersuchung hat belegt, dass bei 94,9 % der untersuchten Abschlusszeugnisse diese Zukunftswünsche enthalten sind, bei Zeugnissen von Führungskräften waren es sogar 96,5 %. Eine konsequente Umsetzung der Rechtsprechung des Bundesarbeitsgerichtes, also ein Verzicht auf die Abschlussformeln, wäre somit kontraproduktiv für die Belange der Beschäftigten, da künftige Arbeitgeber aus dem Fehlen der Abschlussfloskel eine (vermeintlich) negative Beurteilung ableiten könnten.
Werden doch Schlussformulierungen verwendet, dann müssen sie mit der bereits vorgenommenen Leistungs- und Führungsbewertung des Arbeitnehmers übereinstimmen. Eine (zunächst) unterlassene negative Bewertung im vorhergehenden Zeugnistext darf nicht mit einer knappen und lieblosen Schlussformulierung quasi versteckt nachgeholt werden.
Üblicherweise werden in die Schlussformeln folgende Punkte aufgenommen:

- Aussage zur Beendigung,
- Danksagung für die geleistete Arbeit,
- Bedauern über das Ausscheiden,
- Zukunftswünsche.

Zu diesen Punkten werden Aussagen im letzten Absatz des Zeugnisses zusammengefasst. Bleiben einzelne Elemente unerwähnt, dann lässt dies Rückschlüsse auf eine Verstimmung zu. Auch hier setzen sich mehr und mehr standardisierte Formulierungen für einzelne Bewertungsstufen durch. So wird mit der Verwendung des Wortes »trennen« darauf hingewiesen, dass das Arbeitsverhältnis auf Betreiben des Arbeitgebers aufgelöst wurde. Eine echte einvernehmliche Trennung wird hingegen mit dem ausdrücklichen »beiderseitigen Einverständnis« umschrieben.

Unterschiedliche Formulierungsstandards beschreiben je nach Anlass der Beendigung Arbeitnehmer mit sehr guter, guter, durchschnittlicher, ausreichender sowie mangelhafter Gesamtbewertung. In den gewählten Formulierungsbeispielen drückt sich die gewählte Wertschätzung aus – oder auch nicht.

> **TIPP**
>
> Zeugnisse sehr guter Arbeitnehmer berücksichtigen im Schlusssatz alle vier Punkte (inkl. Beendigungsinitiative). Bleibt ein Punkt unerwähnt, so mindert es den Wert des Zeugnisses.

Beispiele für:

Eigenkündigung des Arbeitnehmers:

Arbeitnehmer mit sehr guter Gesamtbewertung	❏ »Frau Marten scheidet auf eigenen Wunsch aus unserem Betrieb aus. Wir bedauern ihre Entscheidung sehr, da wir mit ihr eine wertvolle Mitarbeiterin verlieren. Für ihre Mitarbeit in unserem Betrieb bedanken wir uns und wünschen ihr weiterhin viel Erfolg und persönlich alles Gute.«

Arbeitnehmer mit guter Gesamtbewertung	❏ »Frau Winter verlässt unseren Betrieb aus eigenem Wunsch. Wir bedauern ihre Entscheidung, danken ihr für ihre Mitarbeit in unserem Betrieb und wünschen ihr weiterhin Erfolg und persönlich alles Gute.«
Arbeitnehmer mit durchschnittlicher Gesamtbewertung	❏ »Herr Krause scheidet auf eigenen Wunsch aus unserem Betrieb aus. Für seine Mitarbeit danken wir ihm und wünschen ihm für die Zukunft alles Gute.«
Arbeitnehmer mit ausreichender Gesamtbewertung	❏ »Herr Müller scheidet auf eigenen Wunsch aus unserem Betrieb aus. Wir wünschen ihm für die Zukunft alles Gute.«
Arbeitnehmer mit mangelhafter Gesamtbewertung	❏ »Herr Kaull scheidet aus eigenem Wunsch aus unserem Betrieb aus. Für die Zukunft wünschen wir ihm viel Glück.«

Arbeitgeberseitige Kündigung aus betrieblichen Gründen:

Arbeitnehmer mit sehr guter Gesamtbewertung	❏ »Das Arbeitsverhältnis mit Herrn Meister müssen wir leider aus betriebsbedingten Gründen mit dem heutigen Tag beenden. Wir bedauern diese Entwicklung sehr, da wir mit Herrn Strauß einen ausgezeichneten und sehr engagierten Mitarbeiter verlieren. Wir danken ihm für seine bisherige wertvolle Arbeit und wünschen ihm für die Zukunft weiterhin Erfolg und persönlich alles Gute.«
Arbeitnehmer mit guter Gesamtbewertung	❏ »Das Arbeitsverhältnis von Frau Sommer wird aus betriebsbedingten Gründen mit dem heutigen Tag beendet.

Arbeitgeberseitige Kündigung aus betrieblichen Gründen:

	Wir verlieren mit ihr eine gute Mitarbeiterin und bedauern diese firmeninterne Entwicklung. Für ihre bisherige Arbeit bedanken wir uns und wünschen ihr für die Zukunft weiterhin viel Erfolg und persönlich alles Gute.«
Arbeitnehmer mit durchschnittlicher Gesamtbewertung (Wird aus ??? gekündigt oder die Kündigung nahe gelegt)	❏ »Herr Kleinert scheidet mit dem heutigen Tag aus unserem Betrieb aus. Für seine Mitarbeit danken wir ihm und wünschen ihm für die Zukunft alles Gute.«
Arbeitnehmer mit ausreichender Gesamtbewertung (wird gekündigt oder die Kündigung nahe gelegt)	❏ »Frau Maleike scheidet mit dem heutigen Tag aus unserem Betrieb aus. Für die Zukunft wünschen wir ihr alles Gute.«
Arbeitnehmer mit mangelhafter Gesamtbewertung (wird gekündigt oder die Kündigung nahe gelegt)	❏ »Herr Kaufmann scheidet mit dem heutigen Tag aus unserem Betrieb aus. Für die Zukunft wünschen wir ihm viel Glück.«

Zeugnissprache

Beim Verfassen eines Zeugnisses werden Sie nicht umhin kommen, mit den üblichen Zeugnisfloskeln zu arbeiten. Gleichzeitig sollte aber jedes Zeugnis seine eigene Note besitzen. Es spiegelt schließlich sowohl den individuellen Stil des Verfassers, als auch die Arbeitsweise und Persönlichkeit des Arbeitnehmers wider. Nicht jedes Wort darf auf die Goldwaage gelegt werden, wenn der Gesamteindruck eindeutig ist. Es gilt: Der Ton macht die Musik!
Achten Sie vor allem darauf, dass das Zeugnis keine Widersprüche enthält. Stimmen Sie die einzelnen Abschnitte aufeinander ab und überprüfen Sie, ob Tätigkeitsbeschreibung und Beurteilung zueinander passen (eine umfangreiche und anspruchsvolle Tätigkeitsbeschreibung und eine knappe Beurteilung passen nicht zusammen). Beim Zeugnisleser kommt es auf den Informationsgehalt und die Gesamtaussage an. So kann er das Zeugnis interpretieren.

Lesen und Interpretieren von Zeugnissen
Als Arbeitgeber müssen Sie nicht nur Zeugnisse schreiben, sondern Ihnen werden auch Zeugnisse vorgelegt, die Sie interpretieren wollen. Dafür ist es unerlässlich, mit der gängigen Zeugnissprache und kodierten Formulierungen vertraut zu sein. Vor allem negative Beurteilungen werden vom Zeugnisverfasser gerne verschlüsselt aufgenommen. Eine schlechte Bewertung liegt vor, wenn im Arbeitszeugnis unwichtige Merkmale herausgehoben oder vorangestellt werden, während man wichtige dagegen nicht oder nur am Rande bzw. kaum erwähnt. Auch die Betonung von unwesentlichen Eigenschaften oder Selbstverständlichkeiten lassen auf eine negative Benotung schließen.

> **Beispiel:** »Er zeichnete sich durch eine sehr genaue Arbeitsweise aus.« Bedeutet: Er arbeitet nicht schnell.
> »Besonders hervorzuheben ist seine Pünktlichkeit.« Die Betonung dieser Selbstverständlichkeit lässt darauf schließen, dass es in anderen Bereichen erhebliche Defizite gab.

Es kommt auch vor, dass Zeugnisaussteller auf negative Beurteilungen hinweisen, indem sie wesentliche bzw. erwartete Angaben im Zeugnis weglassen. Ein Verdacht auf Verfehlungen ist dann berechtigt, wenn ein langjähriger und qualifizierter Arbeitnehmer nur ein einfaches Zeugnis vorlegt. Oder Sie erhalten von einer Führungsperson ein Zeugnis, in dem zwar die Leistungen, nicht aber das Sozial- bzw. Führungsverhalten beurteilt werden. Im Abschnitt zum qualifizierten Zeugnis wurde bereits ausgeführt, welchen Berufen und Tätigkeiten welche spezifischen Merkmale zuzuordnen sind. Fehlen diese in einem Arbeitszeugnis, so liegt zumindest der Verdacht auf Verfehlungen in diesem Bereich nahe.

> **Beispiel:** Im Zeugnis der Kassiererin Frau Fischer steht nur, dass sie pünktlich, nicht aber, dass sie ehrlich war. Hier könnte der Schluss gezogen werden, dass es Probleme mit Frau Fischer hinsichtlich ihrer Kassenführung gab, dass ggf. sogar das Arbeitsverhältnis deshalb gekündigt wurde.

Wird der Beendigungsgrund weggelassen, dann liegt die Vermutung nahe, dass dem Arbeitnehmer gekündigt wurde. Wäre das Arbeitsverhältnis von ihm selbst gekündigt worden, hätte er Wert darauf gelegt, dass dieses im Zeugnis erwähnt wird.
Achten Sie bitte außerdem darauf, mit welchem Beendigungs- oder Ausstellungsdatum das Zeugnis versehen wurde. Ein außergewöhnliches Datum (z. B. 19.4. oder 4.12.), das von den ordentlichen Kündigungsterminen abweicht, lässt den Rückschluss auf eine fristlose Kündigung zu.
Es muss aber unbedingt davor gewarnt werden, Zeugnissen geheime Botschaften zu entnehmen, wenn sie lediglich ungeschickt formuliert wurden. Lassen Sie sich besser durch den Gesamteindruck überzeugen, den das vorgelegte Zeugnis bei Ihnen hinterlassen hat.

Unzulässige Verschlüsselungen im Zeugnis
Neben der allgemein anerkannten Zeugnissprache und den oben erläuterten versteckten Mitteilungen gibt es noch eine Reihe kodierter Formulierungen, um dem Leser negative Botschaften zu übermitteln. Diese Geheimsprache ist nicht zulässig und ihre Anwendung nicht zu empfehlen. Sollte tatsächlich ein gravierendes Fehlverhalten des Arbeitnehmers vorliegen, so bringen Sie es im Zeugnis besser klar zum Ausdruck, als dass Sie verschlüsselte Formulierungen wählen. Ansonsten riskieren Sie Schadensersatzforderungen, z. B. wenn ein neuer Arbeitgeber Ihre verschlüsselten Botschaften nicht versteht. Verwenden Sie die folgenden Formulierungen auf keinen Fall.

Zeugnistext	Kodierung/verschlüsselte Botschaft
Persönliches Verhalten	
Durch seine Geselligkeit trug er zur Verbesserung des Betriebsklimas bei.	Er neigt zu übertriebenem Alkoholgenuss im Dienst.
Für die Belange seiner Mitarbeiter bewies er immer Einfühlungsvermögen.	Er war ständig auf der Suche nach Sexualkontakten.
Für die Belange der Belegschaft bewies er/sie umfassendes Verständnis.	Er/Sie ist homosexuell.
Er ist sehr tüchtig und wusste sich gut zu verkaufen.	Er ist ein unangenehmer Mitarbeiter, der bei Vorgesetzten buckelt und die Kollegen verpetzt.
Er hat ein gutes Verhältnis zu seinen Vorgesetzten und hat Spannungen stets vermieden.	Er ist ein Ja-Sager, der bei den Vorgesetzten buckelt.
Seine Ansichten waren stets festgefügt und er wusste sie immer gut zu verkaufen.	Er ist ein sturer und streitsüchtiger Mitarbeiter, der immer Ärger provoziert.
Er war wegen seiner Pünktlichkeit stets ein gutes Vorbild.	Er ist unpünktlich und auch ansonsten ein totaler Versager.
Er war ein umgänglicher/ toleranter Kollege.	Die Vorgesetzten haben ihn nicht geschätzt, wohl aber die Kollegen. Er war bei den Kollegen sehr beliebt.
Er ist mit seinen Vorgesetzten immer gut zurechtgekommen.	Er ist ein Mitläufer, der sich gut zu verkaufen weiß.
Er engagierte sich innerhalb und außerhalb des Betriebes für die Interessen der Arbeitnehmer.	Er engagiert sich in der Gewerkschaft.

Zeugnistext	Kodierung/verschlüsselte Botschaft
Persönliches Verhalten	
Er engagierte sich innerhalb und außerhalb des Betriebs für die Interessen der Kollegen.	Er ist im Betriebsrat.
Wir lernten ihn als umgänglichen Kollegen kennen.	Viele sahen ihn lieber gehen als kommen.
Bei unseren Kunden war er immer sehr beliebt.	Er war nicht durchsetzungsstark und machte schnell Zugeständnisse.
Er war bei Problemen stets kompromissbereit.	Er war sehr nachgiebig.
Er verstand es, seine Interessen im Betrieb stets kompromisslos durchzusetzen.	Er war ein unangenehmer und kompromissloser Mitarbeiter.
Leistungsbeurteilung	
Er verfügt über Fachwissen und zeigt ein gesundes Selbstvertrauen.	Er verfügt nur über geringes Fachwissen und versucht das durch eine gewisse Lautstärke zu verbergen.
Er hatte Gelegenheit, sich das notwendige Wissen anzueignen.	... er nutzte die Gelegenheit aber nicht.
Er erledigte seine Aufgaben in der ihm eigenen Art.	Er war umständlich und ohne Effizienz.
Er erledigte seine Aufgaben mit der ihm eigenen Sorgfalt.	Chaos war bei ihm Normalität.
Er erledigte seine Aufgaben im Rahmen seiner Fähigkeiten.	Er verfügt über geringe Fähigkeiten.
Er erledigte alle Arbeiten mit großem Fleiß und Interesse.	Er war zwar eifrig, aber nicht besonders tüchtig.
Er erledigte seine Aufgaben ordnungsgemäß.	Er war ein Bürokrat ohne eigene Initiative.
Er delegierte seine Aufgaben mit vollem Erfolg.	Er ist ein Drückeberger.

Zeugnistext	Kodierung/verschlüsselte Botschaft
Leistungsbeurteilung	
Er zeigte Verständnis für die anfallenden Arbeiten.	Er ist eine Niete und faul.
Er war Neuem gegenüber stets voll aufgeschlossen.	Er interessierte sich für Neuerungen, nutzte sie aber nicht.
Er zeigte stets Verständnis für seine Arbeit.	Er war faul und hat nichts geleistet.
Seinen Mitarbeitern war er stets ein verständnisvoller Vorgesetzter.	Sein Führungsstil war ohne Autorität und Durchsetzungskraft.
Seine umfangreiche Bildung machte ihn im Betrieb zu einem gesuchten Gesprächspartner.	Er war geschwätzig und führte im Betrieb lange Privatgespräche.

An alles gedacht? – Checkliste für den Zeugnisverfasser

- Stimmen die persönlichen Daten des Arbeitnehmers?
- Haben Sie die gesamte Beschäftigungsdauer und ggf. längere Unterbrechungen richtig angegeben?
- Haben Sie alle Tätigkeiten aufgeführt?
- Wenn es eine berufliche Entwicklung gab, haben Sie sie erwähnt?
- Haben Sie das Leistungs- und Führungsvermögen des Arbeitnehmers ausführlich gewürdigt?
- Stehen Tätigkeitsbeschreibung und -beurteilung in einem ausgewogenen Verhältnis?
- Ist das Zeugnis schlüssig formuliert?
- Stimmt die abschließende Beurteilung mit vorherigen, einzelnen Aussagen überein?
- Haben Sie nur zulässige Formulierungen verwendet?
- Ist das Zeugnis wohlwollend formuliert und gibt es die Gesamtpersönlichkeit des Arbeitnehmers wieder?
- Hat das Zeugnis einen angemessenen Umfang?
- Ist das Zeugnis fehlerfrei und sauber?

3. Zeugnisbeispiele mit Erläuterungen

Im Folgenden werden beispielhaft Originalzeugnisse (persönliche Daten wurden geändert) präsentiert. Dazu sind die größten klein- und mittelbetrieblichen Beschäftigungsbereiche systematisch zusammengestellt worden. Auf Basis der vom Statistischen Bundesamt aufbereiteten Arbeitsstättenzählung sind die Beschäftigungsbereiche mit über 100.000 Arbeitnehmern in Klein- und Mittelbetrieben (bis 200 Beschäftigte) ausgewählt worden. Das heißt, dass alle relevanten Wirtschaftszweige berücksichtigt und durch Beispiele vertreten sind. Die meisten Zeugnisse stammen aus den Bereichen Handwerk, Handel und sonstige Dienstleistungen sowie der Industrie. In diesen Branchen gibt es die meisten Klein- und Mittelbetriebe und dort arbeitet ein Großteil der Beschäftigten. Alle anderen bedeutenden Beschäftigungsbereiche sind selbstverständlich ebenfalls berücksichtigt worden.

Bei der Zusammenstellung zeigte sich, dass in vielen Bereichen des Handwerks Arbeitszeugnisse wenig verbreitet sind. Auf Anfrage hieß es z. B.: »Zeugnisse werden bei uns nicht geschrieben. Ein Bewerber arbeitet einen Tag im Betrieb und dann sehe ich, ob er fachlich und menschlich zu uns passt.« Gab es dennoch Zeugnisse, so sind sie meist kurz und knapp gehalten. Lediglich bei Arbeitnehmern in Leitungsfunktionen ist es üblich, qualifizierte Zeugnisse zu schreiben. Offensichtlich besteht im Handwerk eine branchenspezifische Besonderheit darin, bei der Einstellung von Mitarbeitern einem Praxistest immer noch größere Bedeutung einzuräumen als einer schriftlichen Beurteilung. Angesichts zunehmender beruflicher Mobilität, die zukünftig zu erwarten ist, und steigender technischer und sozialer Anforderungen an die Mitarbeiter, ist jedoch fraglich, wie lange sich diese Praxis noch aufrechterhalten lässt.

Sie werden feststellen, dass sich die Zeugnisbeispiele in diesem Buch stark voneinander unterscheiden: Es gibt kurze und lange, gute und schlechte Beurteilungen. Je länger ein Arbeitnehmer beschäftigt war und je umfangreicher seine Qualifikation und seine Aufgaben waren, desto ausführlicher fällt sein Zeugnis in der Regel aus. Längere Zeugnisse sind aussagekräftiger und dem Leser fällt die Analyse leichter.

Auffallend ist weiterhin, dass Inhalt und Sprache der Zeugnisse sich seit den 70er Jahren sehr verändert haben. In einem sehr guten Zeugnis einer Verkäuferin aus dem Jahre 1970 heißt es z. B.: »Frau Fiebel ist ehrlich, zuverlässig, arbeitsfreudig, freundlich und gewandt im Umgang mit der Kundschaft. Es war immer ein gutes Zusammenarbeiten mit Frau Fiebel gegeben. ...« In einem anderen, ebenfalls sehr guten Zeugnis einer Zahnarzthelferin aus dem Jahre 1974 steht: »Frau Harbel hat nie einen Tag gefehlt. Sie zeigte schon nach kurzer Zeit ein gutes Einfühlungsvermögen. Frau Harbel war stets fleißig, willig und ehrlich.« Vergleichbare Formulierungen sind heute nicht mehr üblich und für den Arbeitnehmer wären sie nachteilig (vgl. Kapitel Zeugnissprache, Unzulässige Verschlüsselungen im Zeugnis).

Die Beispiele zeigen, dass der gesellschaftliche und kulturelle Wandel auch vor den Arbeitszeugnissen nicht Halt gemacht hat. Wirtschafts-, Berufs- und Tätigkeitsstrukturen haben sich seit den 70er Jahren verändert und neue Arbeits- und Organisationskonzepte durchgesetzt.

Damit nehmen auch betriebliche Entscheidungs- und Gestaltungsspielräume der Arbeitnehmer zu. Persönliche Fähigkeiten wie Eigeninitiative, Leistungsvermögen, Kooperationsfähigkeit und die Bereitschaft zum eigenverantwortlichen Handeln haben an Bedeutung gewonnen und sind heute Schlüsselqualifikationen, während traditionelle Tugenden wie Arbeitswille, Arbeitsfreudigkeit, Gewandtheit oder Pünktlichkeit selbstverständlich sind und nicht mehr besonders herausgehoben werden.

Vielfach wird mittlerweile eine Arbeitseinstellung erwartet, die sich weniger an festen Vorgaben als an Zielen orientiert und die durch eine stärkere Ergebnisverantwortlichkeit gekennzeichnet ist.

Alle abgedruckten Zeugnisse sind Originalzeugnisse. Sie wurden begutachtet, kommentiert und auf einer Notenskala von sehr gut bis ungenügend bewertet. Es sind Beispiele dafür, wie verschiedene Arbeitgeber die unterschiedlichsten Zeugnisse schreiben. Jedes Zeugnis ist individuell und steht für den persönlichen Stil des Verfassers.

ZEUGNIS

Herr Fritz Jung, geboren am 11.4.1980 in Rastede, war in der Zeit vom 11.8.2002 bis zum 2.1.2003 in unserem Unternehmen Garten-, Landschafts- und Sportplatzbau als Gärtner tätig.
Für diese Zeit können wir Herrn Jung nur das allerbeste Zeugnis ausstellen. Er war stets fleißig, pünktlich, zuverlässig, ehrlich, freundlich, zuvorkommend und beliebt bei seinen Kollegen und unseren Kunden. Herr Jung konnte umfangreiche Kenntnisse im Fachgebiet Garten-, Landschafts- und Sportplatzbau erwerben. Er wurde bei der Pflege von Hausgärten und Industrieanlagen sowie bei Baumpflegearbeiten eingesetzt. Auch bei Umänderungsarbeiten, maschineller und manueller Rasensaat und bei Pflanzarbeiten aller Art hat Herr Jung mitgearbeitet. Herr Jung konnte seine praktischen Fertigkeiten sowie seine Materialkenntnisse verbessern bzw. erweitern.
Herr Jung verlässt unseren Betrieb auf eigenen Wunsch. Wir wünschen ihm für die Zukunft alles Gute.

Rastede, 4.1.2003
Unterschrift

Gärtner

ZEUGNIS

Herr Günter Sage, geboren am 17. März 1968 in Berlin, war vom 1. Januar 2003 bis zum 31. Dezember 2003 in einem von vornherein befristeten Anstellungsverhältnis in unserem Unternehmen als Aushilfe beschäftigt.
Die Schwerpunkte seiner Aufgabe im Rahmen eines EDV-Projektes lagen in folgenden Bereichen:
- Aufnahme gerätespezifischer Daten in der Anlage und aus der verfügbaren Dokumentation,
- Erfassung der Daten am Bildschirm,
- Prüfung der eingegebenen Daten auf Plausibilität,
- Überarbeitung der betrieblichen Stillstandsplanung,
- Testen der erstellten EDV-Programme auf Funktionalität und Benutzerfreundlichkeit,
- Schulung von Anwendern des EDV-Systems.

Herr Sage hat die ihm aufgetragenen Aufgaben stets zu unserer vollen Zufriedenheit ausgeführt. Seine Gewissenhaftigkeit und Zuverlässigkeit sind dabei besonders hervorzuheben.
Wir wünschen ihm für seinen weiteren beruflichen Werdegang alles Gute.

Oldenburg, den 31.12.2003
Unterschrift

Aushilfe im EDV-Bereich

Land- und Forstwirtschaft

Gartenbaubetrieb: Gärtner
Herr Jung war nur knapp fünf Monate als Gärtner beschäftigt und während dieser kurzen Zeit mit sehr vielen unterschiedlichen Tätigkeiten betraut. Der Arbeitgeber hatte zwar die Absicht, ihm das »allerbeste Zeugnis« auszustellen, aber er hat die Absicht nicht realisiert. Laut Zeugnis hat Herr Jung nicht selbstständig gearbeitet, sondern konnte Kenntnisse erwerben, verbessern bzw. erweitern. So erinnert das Zeugnis an ein Praktikantenzeugnis, da der Schwerpunkt auf der Weiterqualifikation von Herrn Jung liegt. Indem der Arbeitgeber lediglich das Verhältnis zu Kunden und Kollegen, nicht aber zu den Vorgesetzten positiv beschreibt, teilt er dem Leser versteckt mit, dass es in diesem Bereich Spannungen gegeben hat. Insgesamt war der Arbeitgeber mit den Leistungen nicht zufrieden. Die Analyse der Schlussformulierungen bestätigt diesen Eindruck.
Gesamturteil: mangelhaft.

Energieversorgung

Erdgasproduktionsbetrieb: Aushilfe im EDV-Bereich
Bei einem befristeten Arbeitsverhältnis ist es wichtig, den Befristungsgrund bzw. den Grund für die Nichtübernahme zu erfahren (z. B. ... handelte es sich um ein von vornherein befristetes Projekt. Eine Weiterbeschäftigung im Anschluss war uns aus innerbetrieblichen Gründen leider nicht möglich.). Ohne konkretes Benennen entsteht Anlass für Spekulationen, wie in diesem Fall: Herr Sage war offensichtlich mit Aufgaben betraut, die weder typisch für ein befristetes Projekt, noch für eine Aushilfstätigkeit sind. Da der Arbeitgeber seine Leistungen mit gut bewertet, jedoch keine Aussagen zum Führungsverhalten macht, ist hier der Schluss zulässig, dass es Störungen im Führungs- bzw. Sozialverhalten von Herrn Sage gegeben hat. Dazu würde auch die Nichtübernahme in ein unbefristetes Arbeitsverhältnis sprechen. Insgesamt fällt das Zeugnis durch seine lieblose Art auf.
Gesamturteil: ausreichend.

68   Zeugnisbeispiele mit Erläuterungen

Ausbildung zum Bäcker; Geselle

ZEUGNIS

Herr Kurt Sauer, geboren am 20.12.1981, war in unserem Betrieb vom 01.08.1999 bis 31.07.2002 als Bäckerlehrling und vom 01.08.2002 bis 30.06.2003 als Bäckergeselle beschäftigt.

Während seiner Ausbildungszeit lernte Herr Sauer in unserem Betrieb die Herstellung der handelsüblichen Backwaren und darüber hinaus die Herstellung eines umfangreichen Vollkornprogrammes. Nach Ende seiner Ausbildung stellte er selbstständig unser komplettes Backwarenprogramm her.

In der Zeit seiner Beschäftigung hat Herr Sauer seine Aufgaben mit großem Fleiß und guter Fachkenntnis zu unserer vollen Zufriedenheit erledigt.

Seine Stärke liegt in der praktischen Arbeit im Team, wo er durch sein freundliches und aufgeschlossenes Wesen ein angenehmer Mitarbeiter war. Sein Verhalten gegenüber Vorgesetzten und Kollegen war stets vorbildlich.

Herr Sauer scheidet auf eigenen Wunsch aus unserem Betrieb aus.

Wir wünschen ihm für seinen Lebensweg alles Gute.

Kiel, den 2.7.2003
Unterschrift

Fachhilfskraft

ZEUGNIS

Herr Selim Öcal, geboren am 16.09.1967, war vom 11. März 1997 bis zum 27. August 2003 als Fachhilfskraft in unserer Abteilung Tiefdruckrotation tätig.

Zu seinen wesentlichen Aufgaben gehörten der Ein- und Ausbau von Zylindern, Viskositätsmessungen der Farbe sowie das Erneuern der Rakelmesser. Des Weiteren war er bei der Weiterverarbeitung unserer Druck-Erzeugnisse zuständig, für das Abnehmen der Exemplare an den Auslagen unserer Rotationsmaschinen und das fachgerechte Aufstoßen und Abpacken der Zeitungen und Zeitschriften.

Herr Öcal führte alle ihm übertragenen Arbeiten zu unserer vollsten Zufriedenheit aus. Er war jederzeit einsatzwillig und hilfsbereit und erledigte seine Aufgaben gewissenhaft und zuverlässig. Das Verhalten gegenüber Vorgesetzten und Mitarbeitern war stets einwandfrei.

Das Arbeitsverhältnis wurde aus betrieblichen Gründen mit dem heutigen Tage beendet.

Wir wünschen Herrn Öcal für die Zukunft alles Gute.

Düren, 27.8.2003
Unterschrift

Industrie und Handwerk

Bäckerei: Ausbildung zum Bäcker; Geselle
Herr Sauer hat ein gutes und sehr wohlwollendes Zeugnis mit einer guten Leistungsbeurteilung erhalten. Die Formulierungen: »seine Stärke«, »freundliches und aufgeschlossenes Wesen« lassen erkennen, dass der Arbeitgeber vor allem bei dem Führungsverhalten sehr zufrieden war. Das Zeugnis fällt zwar angesichts einer fast vierjährigen Betriebszugehörigkeit recht kurz aus, doch im Handwerk werden – wenn überhaupt – kaum längere Zeugnisse geschrieben. Für einen zukünftigen Arbeitgeber ist es sehr hilfreich zu erfahren, welches Backprogramm von Herrn Sauer hergestellt werden kann, und dass er (in meist räumlich beengten Backstuben) sehr gut im Team arbeiten kann.
Gesamturteil: gut.

Druckerei: Fachhilfskraft
Dieses Zeugnis beurteilt Herrn Öcal gut. Der Arbeitgeber beschreibt die Tätigkeiten so, dass sich ein zukünftiger Arbeitgeber ein umfassendes Bild über die Arbeiten machen kann. Bei der Leistungsbeurteilung fehlt allerdings ein Hinweis auf die Selbstständigkeit seiner Tätigkeit. Dies mag mit den Anforderungen an eine Fachhilfskraft zu erklären sein. Sehr zufrieden ist der Arbeitgeber mit dem Einsatzwillen, der Hilfsbereitschaft und der Gewissenhaftigkeit von Herrn Öcal, Eigenschaften, die für seine Tätigkeit unverzichtbar sind. Ungewöhnlich ist jedoch, dass das Arbeitsverhältnis zwar aus betrieblichen Gründen, jedoch außerhalb eines ordentlichen Kündigungstermins beendet wurde. Hier ist eine entsprechende Nachfrage beim Arbeitnehmer zu empfehlen.
Gesamturteil: gut (ohne Beachtung des Austrittstermins).

ZEUGNIS

Herr Alfred Sprenge, geboren am 16.9.1968, arbeitete in der Zeit vom 01.03.2001 bis 09.08.2003 in unserem Unternehmen als Stahlbauschlosser.

Sein Einsatzgebiet war der Bereich Fahrzeugbau. Schwerpunktmäßig lagen seine Aufgaben im Chassisbau, Unterbau und Stahlaufbau. Er war in der Lage, alle Arbeiten an den von uns gefertigten Fahrzeugen auszuführen.

Herr Sprenge erfüllte die ihm gestellten Aufgaben zu unserer vollsten Zufriedenheit. Sein Auftreten gegenüber Vorgesetzten und Mitarbeitern war einwandfrei. Er wurde als guter Facharbeiter geschätzt und war jederzeit bereit, zusätzliche Aufgaben zu übernehmen und in einer hohen Qualität auszuführen.

Herr Sprenge verließ unser Unternehmen auf eigenen Wunsch, um eine weiterbildende Schule zu besuchen.

Wir bedauern, ihn nicht mehr weiter bei uns beschäftigen zu können und wünschen ihm für seine weitere berufliche und persönliche Zukunft alles Gute.

Bottrop, den 18.3.2003
Unterschrift

Stahlbauschlosser

ZEUGNIS

Herr Norbert Wagner, geboren am 12.09.1956 in Kiel, war vom 01.12.2000 bis zum 31.03.2003 in unsrem Betrieb als Fleischer beschäftigt.

In unserem Betrieb wird nicht selbst geschlachtet, sondern wir erhalten das Fleisch direkt vom Erzeuger und verarbeiten es in unserer Wurstküche weiter.

Zu den Tätigkeiten von Herrn Wagner gehörte:
– Zerlegen, Schneiden und Sortieren des Fleisches,
– Kochen, Räuchern und Würzen der Waren,
– Herstellung von Wurst.

Wir waren mit den Leistungen von Herrn Wagner sehr zufrieden. Er war ein kompetenter und einsatzfreudiger Mitarbeiter. Sein Verhalten gegenüber Kunden, Kollegen und Vorgesetzten war immer einwandfrei.

Herr Wagner verlässt uns auf eigenen Wunsch. Wir danken ihm für die gute Zusammenarbeit und wünschen ihm alles Gute.

Flensburg, den 31.03.2003
Unterschrift

Fleischer

Fahrzeugbaubetrieb: Stahlbauschlosser
Der Gesamteindruck dieses Zeugnisses ist sehr positiv. Mit den Formulierungen »vollsten Zufriedenheit«, »einwandfrei«, »guter Facharbeiter« werden die Leistungen und das Führungsverhalten von Herrn Sprenge insgesamt mit gut bewertet. Dem Verfasser ist allerdings ein kleiner (wahrscheinlich unbeabsichtigter) Schnitzer unterlaufen, indem er schrieb: »Er war in der Lage«. Diese Formulierung ist mehrdeutig, da die Frage offen bleibt, ob er nur in der Lage war oder auch tatsächlich die Aufgaben ausgeführt hat. Um Fehlinterpretationen zu vermeiden, sollte im guten Zeugnis auf entsprechende Formulierungen verzichtet werden.
Gesamturteil: gut.

Fleischerei: Fleischer
Dies ist ein gutes Zeugnis. Es ist gut durchstrukturiert und der Verfasser hat für die Bewertung standardisierte Formulierungen verwendet, die eine klare Aussage erkennen lassen. Man war mit den Leistungen von Herrn Wagner »sehr zufrieden« und auch die Bewertung seines Führungsverhaltens fällt sehr positiv auf. Die Nennung der Kunden (und nicht der Vorgesetzten) an erster Stelle beim Sozialverhalten von Herrn Wagner ist unproblematisch und erklärt sich aus der eindeutigen Kundenorientierung einer Fleischerei.
Gesamturteil: gut.

ZEUGNIS

Herr Wolfgang Sens hat in meinem Betrieb zunächst erfolgreich seine Lehre absolviert. Danach ging er zur Bundeswehr und war dann wieder vom 1.2.1997 bis zum 30.11.2003 bei mir als Kfz-Mechaniker beschäftigt.
Herr Sens hat alle ihm übertragenen Arbeiten immer ordentlich und zuverlässig zu meiner vollsten Zufriedenheit ausgeführt. Er war stets ehrlich, pünktlich und fleißig. Sein Verhalten gegenüber Vorgesetzten und Arbeitskollegen war in jeder Hinsicht einwandfrei.
Sein Ausscheiden zum 30.11.2003 erfolgte auf eigenen Wunsch.
Ich wünsche ihm für die Zukunft alles Gute.

Castrop-Rauxel, den 3.12.2003
Unterschrift

Kfz-Mechaniker

ZEUGNIS

Frau Renate Friedrich, geboren am 26.10.1973 in Kaiserslautern, war vom 01.05.1998 bis 30.11.2003 in unserem Betrieb als Assistentin der Geschäftsleitung angestellt. Das Aufgabengebiet umfasste Ein- und Verkauf, Rechnungskontrolle mit Kostenaufstellung und Schriftverkehr auf unserem EDV-System sowie einfache Nachkalkulation. Außerdem führte sie zeitweise die Ausbildung unserer Praktikanten durch. Sämtliche Sekretariatsarbeiten und Kassenführung gehörten zum täglichen Umfang.
Frau Friedrich erledigte die ihr übertragenen Arbeiten zu unserer vollen Zufriedenheit. Sie hat eine gute Auffassungsgabe.
Wir haben das Geschick und die guten kaufmännischen Kenntnisse besonders geschätzt, sie hat alle Aufgaben rasch und rationell bewältigt. Zusätzliche Verantwortung hat sie immer bereitwillig auf sich genommen.
Zusammenfassend können wir Frau Friedrich als eine gute Stütze des Betriebs bezeichnen.
Frau Friedrich hat unsere Änderungskündigung vom 08.11.2003 wegen einer betrieblich bedingten notwendigen Umstrukturierung nicht akzeptiert und verlässt uns auf eigenen Wunsch.
Wir wünschen ihr auf dem weiteren beruflichen Weg viel Erfolg.

Kassel, den 18.01.2004
Unterschrift

Assistentin der Geschäftsleitung

Kfz-Werkstatt und Tankstelle: Kfz-Mechaniker

Dieses Zeugnis ist für das Handwerk (leider) typisch. Es fällt sehr kurz aus, vermittelt nichts über die geleisteten Tätigkeiten und auch das Führungsverhalten des Arbeitnehmers ist zwar gut und wohlwollend, aber insgesamt sehr knapp beschrieben worden. Hinzu kommt, dass der Arbeitgeber die Daten nicht vollständig genannt hat. Man fragt sich: Seit wann ist Herr Sens tatsächlich beschäftigt, wann hat seine Ausbildung begonnen und wann geendet und wie lange hat das Arbeitsverhältnis aufgrund des Wehrdienstes geruht? Um ein gutes qualifiziertes Zeugnis zu schreiben, hätte der Arbeitgeber zumindest den chronologischen Ablauf des Arbeitsverhältnisses genau beschreiben, anschließend die geleisteten Tätigkeiten benennen und diese und das Verhalten von Herrn Sens abschließend würdigen müssen.
Gesamturteil: gut bis befriedigend.

Kunststoffverarbeitender Betrieb: Assistentin der Geschäftsleitung

Frau Friedrich hat ein Zeugnis mit Tücken erhalten. Der Verfasser hat zunächst ihre Aufgaben umfassend beschrieben. Dem Leser wird deutlich, worin die Aufgaben als Assistentin der Geschäftsführung bestanden haben. Besonders gelobt wird der Arbeitseinsatz von Frau Friedrich. Dies wird durch die Formulierungen »hat die Aufgaben rasch und rationell bewältigt«, »eine gute Stütze des Betriebs« deutlich. Problematisch ist der Hinweis, dass Frau Friedrich eine Änderungskündigung nicht akzeptiert hat. Derartiges hat im Zeugnis nichts zu suchen, außer die Arbeitnehmerin legt Wert darauf. Bei der Schlussformulierung fällt auf, dass der Arbeitgeber kein Bedauern hinsichtlich des Ausscheidens äußert und zudem eine unpersönliche – mit ausreichend zu bewertende – Schlussfloskel gewählt hat. Hieraus kann auf eine Missstimmung geschlossen werden.
Gesamturteil: befriedigend – ausreichend.

ZEUGNIS

Herr Ralf Fricke, geboren am 06.08.1975 in Berlin, war in der Zeit vom 16.06.2003 bis zum 21.07.2003 als Maschinenschlosser in der Endmontage unseres Unternehmens tätig. Dort war er beauftragt mit der Endmontage von Kartoffelerntemaschinen.

Rostock, den 21.7.2003
Unterschrift

Maschinenschlosser

ARBEITSZEUGNIS

Herr Dieter Born, geboren am 17.03.1966 in Dortmund, wurde in unserem Betrieb vom 14.08.1984 bis zum 13.08.1987 als Technischer Zeichner ausgebildet. Die Gewerbliche Abschlussprüfung als Technischer Zeichner hat er am 19.06.1987 mit gutem Erfolg abgelegt. Vom Juni 1987 bis zum Dezember 1988 leistete Herr Born den Wehrdienst. Ab 02.01.1989 bis zum 31.12.2003 war Herr Born in unserem Betrieb als technischer Zeichner im Technischen Büro für Krane beschäftigt. Er hat in dieser Zeit Detailkonstruktionen ausgeführt, Zeichnungen für Kataloge erstellt und Brennfolien gezeichnet. Die ihm übertragenen Arbeiten hat Herr Born zu unserer vollen Zufriedenheit schnell, gewissenhaft und gut ausgeführt.
Herr Born verlor seinen Arbeitsplatz, weil wir am 06.01.2004 Insolvenz anmelden mussten.

Essen, 10.01.2004
Unterschrift

Technischer Zeichner

Maschinenbaubetrieb: Maschinenschlosser
Dies ist ein einfaches Zeugnis. Angesichts der kurzen Betriebszugehörigkeit ist es richtig, es knapp zu formulieren. Allerdings hätte die Aufgabenbeschreibung etwas umfangreicher ausfallen können.

Maschinenbaubetrieb: Technischer Zeichner
Das Arbeitsverhältnis bestand nahezu 20 Jahre bevor Herr Born unverschuldet seinen Arbeitsplatz durch die Firmeninsolvenz verlor. Angesichts der sehr langen Betriebszugehörigkeit hätte das Zeugnis ausführlicher ausfallen müssen. Für einen zukünftigen Arbeitgeber ist es wichtig, substanzielle Informationen über Qualifikation und Fähigkeiten zu erfahren. Hierzu macht der Arbeitgeber zu knappe Ausführungen. Es wäre besser gewesen, die Tätigkeiten detailliert zu beschreiben, Hinweise auf die Selbstständigkeit der Arbeiten zu geben und das Führungsverhalten genau zu bewerten. Die gewählten Formulierungen ergeben zwar in der Summe eine gute Bewertung, insgesamt hätte das Zeugnis jedoch erheblich länger ausfallen müssen.
Gesamturteil: gut.

ZEUGNIS

Herr Klaus Gartelmann, geboren am 25.02.1966 in Datteln, war vom 01.10.1997 bis 31.07.2003 als Projektingenieur in unserem Unternehmen beschäftigt. Sein Tätigkeitsbereich umfasste die Ausarbeitung von Projekten für unsere Robotersysteme.

Zu seinem Aufgabenbereich gehörte insbesondere:
- Abklärung und Erfassung der meist kundenspezifischen Problemstellung,
- Erarbeiten einer Problemlösung mittels vorhandener Systemkomponenten wie auch mit Sondereinrichtungen,
- Arbeitsraum- und Kollisionsbetrachtungen,
- Ausarbeitung und Erstellung von Angeboten sowie Erstellung der Anlagen-Layouts,
- Ansprechpartner für Vertrieb und Kunden.

Herr Gartelmann arbeitete stets zuverlässig und gewissenhaft. Den übertragenen Aufgabenbereich hat er zu unserer vollen Zufriedenheit bewältigt. Das persönliche Verhalten gegenüber Kollegen und Geschäftspartnern war einwandfrei.

Herr Gartelmann verlässt unser Unternehmen auf eigenen Wunsch. Wir danken ihm für seine Mitarbeit und wünschen ihm für die Zukunft alles Gute.

Gladbeck, den 31.07.2003
Unterschrift

Projektingenieur

ARBEITSZEUGNIS

Frau Hella Jahn, geboren am 16.09.1964, war in der Zeit vom 01. Januar 1999 bis zum 14. November 2003 in unserem Unternehmen als Bürokauffrau beschäftigt und wurde insbesondere mit den nachfolgend aufgezählten Tätigkeiten beauftragt:
- Vorbereitung der Buchhaltung für den Steuerberater,
- Lohn- und Gehaltsabrechnung,
- Allgemeiner Schrift- und Telefonverkehr,
- Registratur, Mahnwesen, Offene Postenverwaltung,
- Bankverkehr, Personalwesen,
- Angebotswesen, Fakturation
- Ausbildungswesen (Betreuung von Auszubildenden).

Frau Jahn zeichnete sich durch weitgehend selbstständiges Arbeiten aus und trug maßgebend zum guten Betriebsklima bei. Sie erfüllte sämtliche ihr übertragenen Arbeiten zu unserer vollen Zufriedenheit, war immer pünktlich und zuverlässig.

Frau Jahn verlässt unser Unternehmen auf eigenen Wunsch zum 14.11.2003; wir wünschen ihr persönlich wie beruflich für die Zukunft alles Gute.

Essen, den 15. November 2003
Unterschrift

Bürokauffrau

Maschinenbaubetrieb: Projektingenieur

Der Arbeitgeber hat Herrn Gartelmann ein durchschnittliches Zeugnis geschrieben. Die Tätigkeitsbeschreibung wurde ausführlich gestaltet und vermittelt ein gutes Bild über die Aufgaben. Die Beurteilung der Leistungs- und Führungseigenschaften lässt erkennen, dass der Arbeitgeber nicht immer zufrieden war. Zwar wird die Arbeitsweise sehr gut beurteilt, doch hat der Arbeitnehmer den Aufgabenbereich lediglich »bewältigt«. Das Verhältnis zu den Vorgesetzten war vermutlich gestört, da ihm lediglich sein einwandfreies Verhalten gegenüber Kollegen und Geschäftspartnern bescheinigt wird.
Gesamturteil: befriedigend.

Maschinenbaubetrieb: Bürokauffrau

Dieses ist auf den ersten Blick ein durchschnittliches Zeugnis. Der Arbeitgeber beschreibt sehr ausführlich die einzelnen Tätigkeiten, sodass sich ein Dritter ein genaues Bild machen kann. Die Leistungs- und Führungsbewertung ist im Verhältnis dazu und angesichts einer fast fünfjährigen Betriebszugehörigkeit sehr kurz und ergibt nur ein ausreichendes Bild. Mit den Formulierungen »vollen Zufriedenheit, ... immer pünktlich und zuverlässig« wird dem Leser vermittelt, dass man mit Frau Jahn unzufrieden war. Hinzu kommt der Hinweis, dass Frau Jahn »maßgeblich zum guten Betriebsklima« beitrug. Das muss weniger als Lob, denn als Warnung vor Alkoholgenuss im Dienst verstanden werden. In einem Zeugnis ist eine solche Formulierung vernichtend.
Gesamturteil: mangelhaft bis ungenügend.

78 Zeugnisbeispiele mit Erläuterungen

ZEUGNIS

Herr Andreas Macke, geboren am 16.05.1977, war in der Zeit vom 01.02.1997 bis 09.09.2003 in unserer Firma als Fräser beschäftigt.

Herr Macke erledigte alle ihm übertragenen Arbeiten zu unserer vollen Zufriedenheit. Das äußere Verhalten und das Benehmen des Herrn Macke im Betrieb, die Pünktlichkeit, das Verhalten gegenüber den Mitarbeitern und Vorgesetzten und sein Einfügen in den betrieblichen Arbeitsablauf waren stets einwandfrei.

Die Leistungen, Fähigkeiten und Fertigkeiten, die Geschicklichkeit, die Sorgfalt, aber auch die Einstellung zur Arbeit und Einsatzfreudigkeit waren stets zufrieden stellend. Herr Macke verlässt unseren Betrieb auf eigenen Wunsch.

Für die Zukunft wünschen wir ihm alles Gute.

Berlin, den 18.11.2003
Unterschrift

Fräser

ZWISCHENZEUGNIS

Herr Karl-Heinz Teichmann, geboren am 02.02.1965 in Bremervörde, ist seit dem 15.02.1995 als Konstrukteur bei uns tätig.

Seit dem 01.01.1998 ist Herr Teichmann in der Abteilung Elektrische Entwicklung für die Konstruktion und Zeichnungserstellung für Elektromotoren verantwortlich. Seine Tätigkeiten umfassen: Produktstrukturierungen und Stücklistenerstellung mit EDV-Unterstützung, Erstellung von Entwurfzeichnungen und Detailkonstruktionen für Elektromotoren mit CAD-Unterstützung, Einweisung von Mitarbeitern zur Zeichnungserstellung, Konstruktive Projektbetreuung mit Kundengesprächen, Auswahl von Konstruktionselementen wie Bremsen und Betreuung der erforderlichen Versuche.

Herr Teichmann führt alle ihm übertragenen Aufgaben zu unserer vollsten Zufriedenheit aus.

Er zeigt eine gute Auffassungsgabe und Interesse für seine Tätigkeit. Sein Verhalten zu Mitarbeitern und Vorgesetzten ist stets einwandfrei. Herr Teichmann befindet sich in einem ungekündigten Arbeitsverhältnis. Dieses Zwischenzeugnis wird erstellt, da wir Herrn Teichmann wegen Einstellung unserer Motorenfertigung ab 01.06.2003 in unsere Abteilung Einkauf versetzen. Mit seinem in der Konstruktionsabteilung erworbenen Fachwissen wird er die Einkaufsabteilung deutlich unterstützen können.

Wir danken Herrn Teichmann für die bisherige Mitarbeit und wünschen ihm für die neue Aufgabe viel Erfolg.

Köln, den 31.05.2003
Unterschrift

Konstrukteur

Industrie und Handwerk 79

Metall verarbeitender Betrieb: Fräser
Diesem Zeugnis fehlt eine Tätigkeitsbeschreibung. Was hat Herr Macke als Fräser gemacht, woran hat er gearbeitet? Sehr ausführlich und genau beschreibt der Arbeitgeber dagegen die Leistungs- und Führungseigenschaften des Arbeitnehmers. Herr Macke erhält insgesamt eine gute bis befriedigende Bewertung. Auffällig ist allerdings das Austrittsdatum (09.09.2003) und der Ausstellungstermin des Zeugnisses (18.11.2003). Das Austrittsdatum liegt außerhalb eines ordentlichen Kündigungstermins, sodass sich die Frage aufdrängt, warum die Fristen nicht eingehalten worden sind. Angeblich verlässt der Arbeitnehmer den Betrieb auf eigenen Wunsch, bei diesem Austrittsdatum dürfte er eher fristlos gekündigt bzw. einen Aufhebungsvertrag unterschrieben haben. Stutzig macht in diesem Zusammenhang noch, dass das Zeugnis mehr als zwei Monate nach Beendigung des Arbeitsverhältnisses ausgestellt worden ist. Grund für diesen langen Zeitraum könnte sein, dass Herr Macke gar nicht selbst gekündigt hat, ihm vielmehr vom Arbeitgeber fristlos gekündigt wurde, er Kündigungsschutzklage eingereicht hat, man sich auf die Ausstellung eines guten Zeugnisses geeinigt und sich das Gerichtsverfahren entsprechend lange hingezogen hat. Es empfiehlt sich in diesem Fall eine Rücksprache mit dem Arbeitgeber, um Fehlinterpretationen auszuschließen.
Gesamturteil: gut bis befriedigend (ohne Beachtung der Termine).

Motorenbaubetrieb: Konstrukteur
Der Arbeitgeber hat ein vorbildliches Zeugnis erstellt. Nachdem er zunächst die Aufgaben von Herrn Teichmann detailliert beschrieben hat, kommt er anschließend zu einer differenzierten Bewertung des Leistungs- und Führungsverhaltens. Die Bewertung fällt zwar knapp aus, ihr ist aber die gute Beurteilung eindeutig zu entnehmen (»vollsten Zufriedenheit«, »gute Auffassungsgabe«). Etwas ungeschickt gewählt wurde die Formulierung »zeigte Interesse für seine Tätigkeit«. Dies ist eine Selbstverständlichkeit, die im Arbeitszeugnis nicht zu erwähnen ist. Das Zeugnis erfährt durch die Erläuterung der Gründe für die Erstellung des Zwischenzeugnisses eine Abrundung. Die Mitteilung, dass Herr Teichmann in einer anderen Abteilung weiterbeschäftigt wird, obwohl sein alter Arbeitsplatz weggefallen ist, macht die Zufriedenheit deutlich, sonst hätte man sich sicher von ihm getrennt.
Gesamturteil: gut.

ZEUGNIS

Frau Gisela Koppe, geboren am 22. Mai 1974, ist seit dem 1.9.1994 in unserem Unternehmen tätig. Wir legen besonderen Wert auf qualifizierte und motivierte Mitarbeiter und Mitarbeiterinnen. Zunächst absolvierte sie erfolgreich bis zum 23. Juni 1997 ihre Ausbildung zur Augenoptikerin in unserem Hause. Direkt im Anschluss an ihre Berufsausbildung wurde Frau Koppe von uns entsprechend ihrer Qualifikation eingesetzt. Sie hatte sich umfangreiche Fachkenntnisse angeeignet und war sowohl in der Werkstatt als auch im Verkauf tätig. Ab dem 1.12.1997 bildete sich Frau Koppe in der Kontaktlinsenanpassung und der Refraktion weiter, sodass wir sie ab dem 1.5.1998 als

Augenoptikerin/Kontaktlinsenspezialistin

einsetzen konnten. Zu ihren Aufgaben gehörte hauptsächlich die selbstständige und eigenverantwortliche Refraktion und Anpassung aller handelsüblichen Kontaktlinsen inkl. der Speziallinsen. Daneben arbeitete Frau Koppe zeitweise im Verkauf und in der Werkstatt mit.
Frau Koppe führte sämtliche ihr übertragenen Aufgaben stets zu unserer vollsten Zufriedenheit aus. Wir schätzen sowohl ihre Kompetenz in fachtheoretischen Fragen als auch ihr handwerkliches Geschick. Stets zeigte sie im Umgang mit Kunden ein sicheres und überzeugendes Auftreten und erzielte entsprechende Verkaufserfolge.
Auch gegenüber Vorgesetzten und Mitarbeitern war ihr Verhalten immer einwandfrei. Frau Koppe verlässt unser Unternehmen zum 31.12.2003 auf eigenen Wunsch, um sich der Erziehung ihres Kindes zu widmen. Wir bedauern das Ausscheiden von Frau Koppe sehr und bedanken uns für ihre Mitarbeit. Für ihre weitere persönliche und berufliche Zukunft wünschen wir ihr alles Gute.

Hannover, den 2.1.2004
Unterschrift

Industrie und Handwerk

Optiker: Augenoptikerin

In diesem qualifizierten Zeugnis sind alle Punkte enthalten, die von einem vollständigen Zeugnis erwartet werden. Der Arbeitgeber beschreibt sehr genau und in chronologischer Reihenfolge die Qualifikation und berufliche Fortbildung von Frau Koppe.

Anschließend benennt er ihre tatsächliche Tätigkeit. An diesem Punkt wird deutlich, dass nur die Benennung des Berufes (Optikerin) zu kurz gegriffen hätte. Eine detaillierte Tätigkeitsbeschreibung vermittelt ein klares Bild ihrer Aufgaben. In der anschließenden Beurteilung hat der Arbeitgeber alle wichtigen Eigenschaften bewertet. Dazu gehören: allgemeine Leistungsbeurteilung (»führte sämtliche Aufgaben stets zu unserer vollsten Zufriedenheit aus«), Fachkompetenz in Theorie und Praxis (»schätzten sowohl ihre Kompetenz zu fachtheoretischen Fragen als auch ihr handwerkliches Geschick«), engagiertes Auftreten und Verkaufserfolge (»im Kundenkontakt stets sicheres und überzeugendes Auftreten mit entsprechenden Verkaufserfolgen«), Sozialverhalten (»gegenüber Vorgesetzten und Mitarbeitern immer einwandfrei«). Frau Koppe wird in allen Punkten sehr gut bewertet und die Abschlussformulierungen unterstreichen diesen Eindruck.

Gesamturteil: sehr gut.

ZEUGNIS

Herr Carsten Ullmann, geboren am 16.09.1980, war in der Zeit vom 15.05.2002 bis zum 31.07.2002 sowie vom 01.10.2002 bis 15.01.2003 als Praktikant in der Modellbauwerkstatt für Holz beschäftigt.
Während dieser Zeit hatte er Gelegenheit, einen Einblick in die gesamten Fertigkeiten des Tischlerhandwerks zu gewinnen. Die ihm in diesem Zusammenhang gestellten Aufgaben führte er gewissenhaft aus.
Sein Verhalten gegenüber Vorgesetzten und Mitarbeitern war sehr gut. Das abgeleistete Praktikum war zur Aufnahme des Studiums der Innenarchitektur erforderlich. Für den weiteren Studienweg sowie die berufliche Zukunft wünsche ich ihm viel Erfolg.

Bonn, den 16.1.2003
Unterschrift

Praktikant

ARBEITSZEUGNIS

Herr Uwe Rabbel, geboren 23.03.1975, war in meinem Betrieb vom 13.02.2002 bis 15.07.2003 als Elektriker beschäftigt.
Er war überwiegend mit Elektroinstallationen in Alt- und Neubauten beschäftigt, aber auch mit Kundendienstarbeiten.
Herr Rabbel arbeitete selbstständig.

Mönchengladbach, den 15.7.2003
Unterschrift

Elektriker

Tischlerei: Praktikant

In diesem Praktikantenzeugnis kommt leider die genaue Beschreibung der erlernten Tätigkeiten zu kurz. Dem Leser wird nur mitgeteilt, dass der Praktikant die Gelegenheit hatte, »Einblick in die gesamten Fertigkeiten des Tischlerhandwerkes zu gewinnen«. Für zukünftige Arbeitgeber ist eine detailliertere Aufgabenbeschreibung interessant, zumal das Praktikum zusammen immerhin sechs Monate gedauert hat. Insgesamt hat der Arbeitgeber einen guten Eindruck von Herrn Ullmann, was er durch die Formulierungen »führte gewissenhaft aus«, »Verhalten war sehr gut« zum Ausdruck bringt.

Gesamturteil: gut.

Baugewerbe

Baugewerbe: Elektriker

Trotz der Kurzbewertung (»arbeitete selbstständig«) handelt es sich bei diesem Zeugnis um ein mittelmäßiges, einfaches Zeugnis.

ZEUGNIS

Herr Ulf Cordes, geboren am 30.4.1968 trat am 01.01.1998 unserem Unternehmen als Elektro- und Regelungsmonteur/Kundendienstmonteur bei und wurde seit diesem Zeitpunkt mit folgenden Arbeiten betraut:
- Reparatur und Wartung von Gas- und Ölheizanlagen,
- Reparatur und Wartung von Klima-, Regel- und Schaltanlagen,
- Inbetriebnahme und Einregulierung von Klima-, Regel- und Schaltanlagen.

Mit Wirkung zum 01.01.2000 wurde Herr Cordes in ein Angestelltenverhältnis übernommen und arbeitete seitdem als Kundendiensttechniker weitgehend selbstständig auf Baustellen der Kälte-, Klima-, Heizungs- und Lüftungstechnik. Sein Aufgabengebiet umfasste insbesondere auch die Inbetriebnahme, Wartung und Reparatur von Heizkessel-Brennern mittlerer und größerer Bauart, wobei er auch akquisitorische Funktionen ausübte und ausgeführte Arbeiten eigenverantwortlich abrechnete.

Herr Cordes war stets einsatzbereit und pünktlich, bei Vorgesetzten und Kollegen beliebt und zuverlässig bezüglich seines Arbeitsgebietes, sodass er unsere vollste Zufriedenheit bewirkte. Er verließ unser Unternehmen auf eigenen Wunsch mit Wirkung zum 30.09.2003.

Wir wünschen Herrn Cordes für seine weitere berufliche Laufbahn alles Gute.

Darmstadt, den 08.10.2003
Unterschrift

Elektro- und Regelungsmonteur

ZEUGNIS

Herr Reinhard Bremer, geb. am 17.3.1958 war vom 9.12.1998 bis zum 25.3.2003 in meinem Betrieb als Maurer beschäftigt.

Herr Bremer wurde auf verschiedenen Baustellen im norddeutschen Raum eingesetzt. Herr Bremer war mit allen anfallenden Arbeiten eines Maurers betraut. Er erledigte seine Aufgaben schnell, sauber und gewissenhaft. Ich war immer sehr zufrieden mit ihm. Herr Bremer verlässt meinen Betrieb auf eigenen Wunsch. Ich verliere mit ihm einen fleißigen Mitarbeiter.

Für die Zukunft wünsche ich ihm alles Gute.

Hannover, den 26.3.2003
Unterschrift

Maurer

Baugewerbe: Elektro- und Regelungsmonteur

Der Arbeitgeber beschreibt die Aufgaben und Tätigkeiten sehr detailliert und der Leser kann sich ein exaktes Bild vom Qualifikationsprofil der Beschäftigung machen. Die anschließende Beurteilung ist ungeschickt formuliert; indem die Einsatzbereitschaft und Pünktlichkeit gleich zu Beginn hervorgehoben werden. Hier wäre die Leistungsbeurteilung besser platziert gewesen (z. B. »arbeitete selbstständig und stets zu unserer vollen Zufriedenheit«). Dem weiteren Zeugnistext ist anzumerken, dass der Verfasser ungeübt ist. Formulierungen wie: »bezüglich seines Arbeitsgebietes« oder »unsere vollste Zufriedenheit bewirkte« lassen zwar erkennen, dass der Arbeitgeber sehr zufrieden mit Herrn Cordes war, doch sollten die Formulierungen eindeutiger sein, damit Missverständnisse vermieden werden (z. B.: Herr Cordes war sehr zuverlässig. Er erfüllte seine Aufgaben zu unserer vollsten Zufriedenheit.).
Gesamturteil: gut.

Baugewerbe: Maurer

Hier liegt ein Handwerkerzeugnis vor, das wieder sehr kurz ausgefallen ist. Trotzdem ist es dem Arbeitgeber gelungen, einen positiven Gesamteindruck wiederzugeben. Dieses lässt sich an den Formulierungen ablesen: »schnell, sauber und gewissenhaft«, »war immer sehr zufrieden mit ihm«. Auch die Schlussbemerkung: »Ich verliere mit ihm einen fleißigen Mitarbeiter« lässt den Schluss auf ein gutes Arbeitsverhältnis zu.
Gesamturteil: gut.

ARBEITSZEUGNIS

Herr Peter Neumann war in der Zeit vom 11. Oktober 1999 bis 28. Februar 2003 als Heizungsbauer im Innen- und Außendienst bei uns beschäftigt.
Herr Neumann trat zunächst im Rahmen einer durch die Bundeswehr geförderten Weiterbildungsmaßnahme in unseren Betrieb ein. Während dieser Zeit war er sowohl mit Bürotätigkeiten (insbesondere Vorkalkulationen von Angeboten der Heizungs- und Sanitärtechnik) als auch mit Baustellenarbeiten als Heizungs- und Sanitärmonteur beschäftigt. Zum 01. Juli 2000 übernahmen wir Herrn Neumann in ein unbefristetes und nicht mehr gefördertes Arbeitsverhältnis.
Eine Aufgabe von Herrn Neumann war die Angebotserstellung. Zeitweise betreute Herr Neumann eigenverantwortlich einzelne Baustellen, für die er die Bestelllisten erarbeitete.
Auf Baustellen arbeitete Herr Neumann zum Teil bauleitend im Team mit Mitarbeitern und stand mehrfach im Kundenkontakt. Die überwiegend selbstständige Tätigkeit kommt auch darin zum Ausdruck, dass wir Herrn Neumann einen eingerichteten Firmenwagen zur Verfügung stellten.
Herr Neumann war immer pünktlich, sein Verhalten war kollegial, seine fachlichen Leistungen und seine Zuverlässigkeit können mit gut bewertet werden.
Wir wünschen Herrn Neumann beruflich wie privat alles Gute.

München, 28.2.2003
Unterschrift

ZEUGNIS

Frau Doris Sprung, geboren am 01.03.1968, ist seit dem 01.10.1993 in unserer Buchhandlung als Buchhändlerin tätig. Schon nach kurzer Zeit hatte sie sich in unseren vielseitigen Betrieb eingearbeitet und wurde dank ihrer guten Auffassungsgabe und ihres fundierten Wissens rasch zu einer wertvollen Kraft für uns.
Frau Sprung war zu Anfang in der Kundenbetreuung für alle Gebiete tätig. Nach unserem Ausbau übernahm sie dann die große Kinder- und Jugendbuchabteilung, die sie mit großem Geschick zu unserer vollsten Zufriedenheit führte. Die dazu gehörige Lagerhaltung und der Einkauf oblagen ihr völlig selbstständig. Bedingt durch eine frei werdende Position wechselte Frau Sprung vor zwei Jahren ins allgemeine Sortiment über und leitete dort seitdem die Bereiche Belletristik, Sachbuch sowie die Reiseabteilung mit viel Engagement. Seit 9 Jahren hat sie auch Anteil an der Gestaltung der Schaufenster. Frau Sprung hat alle Eigenschaften, die sie zu einer selbstständigen Buchhändlerin prädestinieren. Sie zeigte sich pflichtbewusst und hat ein kameradschaftliches Verhältnis zu allen ihren Kollegen. Da wir unsere Buchhandlung zum Jahresende schließen, müssen wir Frau Sprung zum 31. Dezember 2003 kündigen.
Wir bedauern dies sehr und möchten Frau Sprung wünschen, dass sie Gelegenheit findet, ihre Fähigkeiten an anderer Stelle einzubringen.

Ulm, den 30. November 2003
Unterschrift

Baugewerbe: Heizungsbauer
In diesem Zeugnis überwiegt die Darstellung der Tätigkeiten und der beruflichen Entwicklung, während die Beurteilung in nur einem Satz zusammengefasst wird. Aufgrund dieses Ungleichgewichts entsteht der Eindruck, dass der Arbeitgeber kein Interesse hat, seinem Mitarbeiter ein aussagekräftiges Zeugnis zu schreiben. Nachdem die einzelnen Tätigkeiten ausführlich beschrieben wurden, hätte man eine differenziertere Beurteilung erwartet, in der einzelne Leistungs- und Führungsmerkmale beurteilt werden. Außerdem wurde der Arbeitnehmer übernommen und man hat ihm einen Firmenwagen zur Verfügung gestellt, sodass man davon ausgehen kann, dass dem Arbeitgeber an Herrn Neumann etwas lag. Mit der vorliegenden Formulierung kehrt sich dieser Eindruck ins Gegenteil um. Leistung und Zuverlässigkeit waren zwar gut, aber mehr auch nicht. Der Dank für die geleistete Arbeit fehlt völlig.
Gesamturteil: befriedigend.

Handel

Einzelhandel Buchhandel: Buchhändlerin
Diesem Zeugnis ist klar zu entnehmen, wie zufrieden der Arbeitgeber mit seiner Mitarbeiterin war: »hat alle Eigenschaften, die sie zu einer selbstständigen Buchhändlerin prädestinieren« – besser kann ein Lob kaum ausfallen! Leider schließt die Buchhandlung – sonst hätte man sich wohl kaum von Frau Sprung getrennt. Der Verfasser verbindet die berufliche Entwicklung von Frau Sprung gelungen mit einer guten Bewertung. Es bleibt nur die Frage offen, wie das Verhältnis zu ihren Vorgesetzten gewesen ist. Im Kontext des gesamten Zeugnisses stört es nicht, und wer darüber mehr wissen möchte, sollte sich beim Arbeitgeber erkundigen.
Gesamturteil: sehr gut.

ZEUGNIS

Herr Manfred Mundt, geboren am 16.09.1950 in Kiel, war in der Zeit vom 26. Mai 2002 bis zum 25. Mai 2003 in der Abteilung Fahrdienst/Service- und Montageteam als Kraftfahrer im Rahmen eines befristeten Arbeitsverhältnisses in unserem Hause beschäftigt.

Zu seinen Hauptaufgaben gehörten:
- das Ausliefern von Möbeln zu unseren Kunden,
- das Be- und Entladen des LKWs,
- Hilfe bei der Montage von hochwertigen dänischen und englischen Kiefernholzmöbeln.

Nach einer kurzen Einarbeitungszeit fand sich Herr Mundt in der neuen Situation gut zurecht. Herr Mundt arbeitete sehr selbstständig. Er packt Aufgaben tatkräftig an und ergreift Initiative. Er war gut belastbar und hielt auch hohen Beanspruchungen stand. Er ist vielseitig, wendig und stellt sich auf neue Aufgaben ein.

Herr Mundt war in seiner Arbeit peinlich genau, sehr gewissenhaft und von großer Sorgfalt. Er ist äußerst pflichtbewusst und verschwiegen. Er wendet sich jeder Aufgabe voll zu und bleibt bei der Sache. Er arbeitet stets mit Sorgfalt und Genauigkeit. Herr Mundt ist herzlich im Umgang, offen und höflich. Er war gegenüber seinen Kollegen stets hilfsbereit und aufgeschlossen. Sein Verhalten gegenüber Vorgesetzten und Mitarbeitern war vorbildlich.

Herr Mundt hat die ihm übertragenen Aufgaben zu unserer vollsten Zufriedenheit ausgeführt. Herr Mundt verlässt uns mit Ablauf des befristeten Arbeitsvertrages.

Wir bedauern, Herrn Mundt aus betrieblichen Gründen nicht weiterbeschäftigen zu können.
Wir danken ihm für die geleistete Mitarbeit und wünschen ihm für die weitere Zukunft alles Gute.

Osnabrück, den 26.05.2003
Unterschrift

Kraftfahrer

Einzelhandel Einrichtungsgegenstände: Kraftfahrer
Da der Arbeitgeber Herrn Mundt nicht über das Befristungsende hinaus beschäftigen kann, hat er sich bei der Erstellung des Zeugnisses sehr viel Mühe gegeben. Damit verbessert er die Vermittlungschancen von Herrn Mundt erheblich. Er hat zunächst die Tätigkeiten des Arbeitnehmers dargelegt und anschließend seine Leistungen und sein Führungsverhalten detailliert beurteilt. Er hat genau die Punkte für die Bewertung herausgegriffen, die für das Berufsbild wichtig sind: Kraftfahrer mit Be- und Entladeaufgabe sowie Montagetätigkeit hochwertiger Möbel. Die Bewertung fällt durchgängig gut aus (»packt tatkräftig an«, »ist vielseitig und wendig«, »sehr selbstständig«, »gut belastbar«, »ergreift die Initiative«, »arbeitet stets mit Sorgfalt und Genauigkeit«, »vollsten Zufriedenheit«, etc.). Sehr positiv fällt außerdem auf, dass der Verfasser den Grund angegeben hat, warum eine Weiterbeschäftigung nicht möglich ist. So bleibt kein Raum für Spekulationen.
Gesamturteil: gut.

ZEUGNIS

Herr Gerd Schröter, geboren am 16.09.1969 in Hannover, war vom 01.02.1999 bis zum 30.09.2003 in unserem Möbelhaus als Einrichtungsberater tätig.
Seine Aufgabe bestand im Verkauf unseres hochwertigen Sortiments moderner Möbel.
Herr Schröter hat sich sehr schnell eingearbeitet. Er verfügt über ein solides Fachwissen und unsere Kunden schätzten ihn wegen seines freundlichen Wesens und seiner intensiven und informativen Beratung.
Herr Schröter zeigte stets überdurchschnittliche Leistungen und seine Einsatzbereitschaft war vorbildlich. Sein Verhalten gegenüber Kunden, Kollegen und Vorgesetzten war jederzeit einwandfrei.
Herr Schröter verlässt uns auf eigenen Wunsch, um ein Studium aufzunehmen. Wir verlieren mit ihm einen unserer besten Einrichtungsberater, dem wir für seine Mitarbeit sehr danken.
Für die persönliche und berufliche Zukunft begleiten ihn unsere besten Wünsche.

Hannover, den 30.09.2003
Unterschrift

Einkaufsberater

ZEUGNIS

Frau Karin Richter, geboren am 08.08.1950, war in der Zeit vom 01.05.1996 bis 31.08.2003 in unserem Betrieb als Bäckereifachverkäuferin tätig.
Während dieser Zeit war Frau Richter eine umsichtige, zuverlässige und freundliche Mitarbeiterin.
Zu ihren Aufgabengebieten gehörten der Verkauf, Bestellannahme am Computer, Auffüllen und das Bestellen der Waren und sonstige branchenübliche Aufgaben. Diese Aufgaben erfüllte Frau Richter zu unserer vollsten Zufriedenheit.
Frau Richter verlässt uns auf eigenen Wunsch.
Wir wünschen ihr für die Zukunft alles Gute.

Berlin, den 31.08.2003
Unterschrift

Bäckereifachverkäuferin

Einzelhandel Einrichtungsgegenstände: Einkaufsberater

Hier liegt ein sehr gutes Zeugnis vor. Herrn Schröter wird »solides Fachwissen«, »überdurchschnittliche Leistung«, »jederzeit einwandfreies Verhalten«, »vorbildliche Einsatzbereitschaft« bescheinigt. Die Formulierung, der Arbeitgeber verliere einen seiner besten Einrichtungsberater, ist ein kaum zu überbietendes Lob. Insgesamt hätte die Tätigkeitsbeschreibung etwas ausführlicher sein können, damit der Leser eine bessere Vorstellung entwickeln kann. Hier bietet sich an, zu Beginn des Zeugnisses einige Worte zum Unternehmen zu schreiben (z. B.: Unser Möbelhaus bietet Kunden aus dem gesamten norddeutschen Raum ein Programm hochwertiger Designmöbel ...). Auf diese Weise stellt sich das Unternehmen selbst dar (das Zeugnis als Visitenkarte des Unternehmens) und ein zukünftiger Arbeitgeber kann einschätzen, ob der Arbeitnehmer bereits über einschlägige Vorerfahrungen verfügt.
Gesamturteil: sehr gut.

Einzelhandel Lebensmittel: Bäckereifachverkäuferin

Hier liegt wieder ein typisches, kurzes Zeugnis aus einem Handwerksbetrieb vor. Der Arbeitgeber beschreibt knapp die wesentlichen Aufgaben und das Verhalten von Frau Richter und fasst die Bewertung dann in einem Satz zusammen: »erfüllte ihre Aufgaben zu unserer vollsten Zufriedenheit«. Damit bescheinigt er ihr insgesamt gute Leistungen.
Gesamturteil: gut.

ZEUGNIS

Frau Hanne Kahrs, geboren am 07.01.1972, hat vom 17.08.1995 bis zum 31.10.2003 als Fleischereifachverkäuferin in meinem Betrieb gearbeitet.

Die Tätigkeit umfasste das Einräumen und verkaufsfördernde Gestalten der Warentheke sowie die Kundenbedienung. Durch ihr Interesse besitzt sie gute Kenntnisse und praktische Erfahrung in ihrem Fachgebiet.

Frau Kahrs war eine fleißige Mitarbeiterin, die selbstständig arbeitete und ihre Aufgaben in kurzer Zeit erledigte. Sie führte ihre Arbeit sorgfältig und zuverlässig aus, sodass sie uns mit ihren Leistungen voll zufriedenstellte. Frau Kahrs war ehrlich, pünktlich und ordentlich.

Unseren Kunden gegenüber benahm sie sich immer freundlich und hilfsbereit. Ihre Führung und ihr Verhalten gegenüber ihren Vorgesetzten und Mitarbeitern waren vorbildlich.

Frau Kahrs schied auf eigenen Wunsch aus meinem Betrieb aus. Ich wünsche ihr für die Zukunft alles Gute und bedanke mich für ihre Mitarbeit.

Hamm, den 01.11.2003
Unterschrift

Fleischereifachverkäuferin

ZEUGNIS

Herr Erwin Siemers, geboren am 16.09.1963, war vom 1. Juni 2002 bis 30. Juni 2003 als Marktleiter bei uns beschäftigt.

Herr Siemers wurde zunächst vier Wochen zum Marktleiter eingearbeitet und in folgenden Arbeitsbereichen während dieser Zeit unterwiesen:

– Formularwesen,
– Kassenwesen sowie alle filialbezogenen schriftlichen Büroarbeiten,
– Dispositionen und rationelle Warenbeschickung,
– Personaleinsatzplanung und Personalführung.

Herr Siemers war ein fleißiger, pünktlicher und strebsamer Mitarbeiter. Er wurde den ihm gestellten Anforderungen jederzeit gerecht, dabei zeigte er Umsicht und persönlichen Einsatz.

Er war ein zuverlässiger, ehrlicher und verantwortungsbewusster Mitarbeiter. Wir kennen ihn als angenehmen und umgänglichen Kollegen.

Herr Siemers verlässt unser Unternehmen auf eigenen Wunsch.
Wir wünschen ihm für seinen weiteren Weg alles Gute.

Münster, den 30.06.2003
Unterschrift

Marktleiter

Einzelhandel Lebensmittel: Fleischereifachverkäuferin

Frau Kahrs hat ein gutes bis sehr gutes Zeugnis erhalten. Der Verfasser hat sehr aufschlussreich zunächst die einzelnen Aufgaben beschrieben und sie anschließend einer Bewertung unterzogen. Die Leistungen und das Sozial- und Führungsverhalten werden vom Arbeitgeber hervorragend gewürdigt. Einzelne, für den Beruf wichtige Elemente werden besonders benannt. So erwartet man von einer Fleischereifachverkäuferin, dass sie ehrlich, pünktlich und ordentlich ist – alles Eigenschaften, die Frau Kahrs vom Arbeitgeber im Zeugnis bescheinigt wurden.

Gesamturteil: sehr gut bis gut.

Einzelhandel Lebensmittel: Marktleiter

Herr Siemers hat ein schlechtes Zeugnis erhalten. Der Arbeitgeber bescheinigt ihm, dass er den gestellten Anforderungen jederzeit gerecht wurde. Eine solche Beurteilung ist befriedigend. Dem Arbeitgeber ist anzumerken, dass er mit den Leistungen im Großen und Ganzen zufrieden war, Herrn Siemers aber nicht für einen besonders talentierten Marktleiter hält. Die Bescheinigung von Fleiß, Pünktlichkeit und persönlichem Einsatz wirft Schatten auf den Arbeitnehmer, da diese Eigenschaften für einen Marktleiter elementare Voraussetzungen sind. Gleichzeitig fehlen Einschätzungen, die für die (Führungs-)Funktion unentbehrlich sind. Dazu gehören Personalführung und Vorgesetztenposition ebenso wie erfolgreiche Marktführung, Verkaufserfolge und der Umgang mit Kunden und Zulieferfirmen. Die fehlenden Aussagen zu diesen Themen werten das vorliegende Zeugnis sehr ab.

Gesamturteil: ausreichend bis mangelhaft.

AUSBILDUNGSZEUGNIS

Frau Susanne Langer, geboren am 20.08.1982, begann am 1. August 2000 in unserem Hause die Ausbildung als Einzelhandelskauffrau, die sie mit erfolgreich bestandener Abschlussprüfung vor der Handelskammer im Januar 2003 beendete.

Während der Ausbildungszeit hatte Frau Langer Gelegenheit, sich in jeder Abteilung alle Kenntnisse und umfangreiches Wissen über den DOB-Einzelhandel anzueignen. Diese Chance hat sie jederzeit genutzt und die ihr übertragenen Aufgaben stets mit Fleiß und Gewissenhaftigkeit zu unserer vollsten Zufriedenheit ausgeführt. Außerdem war Frau Langer auch beim Einkauf junger Waren beteiligt und zeigte sich auch hier sehr geschickt.

Ihre guten Fachkenntnisse und ihre freundliche Art machten es ihr leicht, schon während der Ausbildung mit guten Verkaufsergebnissen auf sich aufmerksam zu machen. Ihre Einsatzbereitschaft und Flexibilität ist besonders hervorzuheben. Sie war stets bereit, sich an allen Stellen unseres Hauses einzusetzen. Ihr Verhalten gegenüber Vorgesetzten, Kollegen und Kunden war immer verbindlich und korrekt. Frau Langer war in jeder Beziehung ehrlich, pünktlich und fleißig.

Frau Langer verlässt uns auf eigenen Wunsch.

Wir bedauern es, in Zukunft auf ihre tüchtige Mitarbeit verzichten zu müssen und wünschen ihr alles Gute.

Rosenheim, den 30.6.2003
Unterschrift

Einzelhandel Textilien: Ausbildung zur Einzelhandelskauffrau

Dies ist ein sehr gutes Zeugnis. Für den Leser hätte es eine Abrundung erfahren, wenn der Verfasser einige Worte zum Unternehmen geschrieben hätte (z. B.: Unser Angebot richtet sich vornehmlich an Frauen mittleren Alters). Es bleibt außerdem offen, welche Kenntnisse sich Frau Langer in welcher Abteilung angeeignet hat. Diese Informationen hat der Verfasser leider nur sehr knapp zusammengefasst. Gerade für ein Ausbildungszeugnis sind diese Aussagen wichtig, da sich der Leser ein umfassendes Bild über die erlernten Kenntnisse machen muss. Die Beurteilungen hat der Arbeitgeber sehr ausführlich und positiv vorgenommen, sodass ein hervorragender Eindruck von Frau Langer entsteht. Die Hervorhebung ihrer Einsatzbereitschaft und Flexibilität sowie ihre erzielten guten Verkaufsergebnisse machen deutlich, wie zufrieden der Arbeitgeber mit Frau Langer war. Abgerundet wird dieser Eindruck durch das Bedauern, in Zukunft auf eine tüchtige Mitarbeiterin verzichten zu müssen.

Gesamturteil: sehr gut.

ZEUGNIS

Frau Claudia Kalper, geboren am 13.05.1967, gehörte vom 01.01.1993 bis zum 06.03.2003 zu den Mitarbeiterinnen unseres Hauses. Frau Kalper war zunächst als Erstverkäuferin eingesetzt und übernahm dann als Filialleiterin die Betreuung und Leitung der Filiale.

Sie war in dem Fachbereich Damenwäsche, Miederwaren, Nachtwäsche, Strand- und Bademoden für den Verkauf und die Kundenberatung tätig.

Zu ihrer verantwortlichen Aufgabe gehörte die Planung und Steuerung des Personaleinsatzes für mehrere Mitarbeiterinnen und die selbstständige Leitung der großen Filiale.

Ihr Aufgabengebiet umfasste insbesondere:
- Sortimentskontrolle und Sortimentspflege,
- Beobachtung der Markt- und Wettbewerbsstruktur,
- Kundenberatung und Verkauf,
- Preistipps und Angebote bearbeiten,
- Listen aus- und bearbeiten,
- Personaleinsatz und Personalplanung,
- Warenpräsentation,
- Kassiervorgänge und Kassenabschluss.

Frau Kalper war eine sehr gute und wertvolle Mitarbeiterin, der wir gerne Fleiß, Eifer, Pünktlichkeit und Ehrlichkeit bescheinigen. Sie war immer bereit, sich weiterzubilden und dazuzulernen. Ihre sämtlichen Aufgaben führte sie zu unserer vollsten Zufriedenheit aus. Hervorzuheben sind ihre außerordentliche Belastbarkeit und Einsatzfreude.

Ihr Verhalten gegenüber der Geschäftsleitung war immer korrekt. Von ihren Mitarbeiterinnen wurde sie wegen ihres freundlichen und kollegialen Verhaltens sehr geschätzt. Bei unseren Kunden genoss Frau Kalper als kompetente Gesprächspartnerin großes Vertrauen.

Frau Kalper hat eine kleine Tochter geboren und nach Ende der Elternzeit unser Unternehmen, zu unserem großen Bedauern, verlassen.

Wir danken ihr für die sehr gute und vertrauensvolle Zusammenarbeit und wünschen ihr für die Zukunft beruflich und privat alles Gute.

Darmstadt, den 06.03.2003
Unterschrift

Filialleiterin

Einzelhandel Textilien: Filialleiterin

Frau Kalper hat ein hervorragendes Zeugnis erhalten. Der Arbeitgeber hat zunächst sehr ausführlich und differenziert die Aufgaben und Tätigkeiten beschrieben. Im Anschluss bewertet er die Leistungen und das Führungsverhalten von Frau Kalper umfassend. Besonders gelungen ist die Beschreibung ihres Sozialverhaltens: Die Doppelfunktion einerseits als Vorgesetzte und andererseits als Weisungsempfängerin gegenüber der Geschäftsführung meistert sie hervorragend. Gleichzeitig bescheinigt man ihr hohe Fachkompetenz und großes Vertrauen bei den Kunden. Damit erfüllt sie alle Erwartungen, die an eine Filialleiterin zu stellen sind, vollkommen. Mit den Schlussformulierungen rundet der Zeugnisverfasser den sehr guten Eindruck von Frau Kalper ab, indem er betont, wie sehr ihr Ausscheiden bedauert wird.

Gesamturteil: sehr gut.

ZEUGNIS

Herr Kurt Schmitz, geboren am 18.04.1955 in Gießen, war vom 14.02.1981 bis zum 31.03.2003 in unserem Unternehmen beschäftigt.

Herr Schmitz war in unserem Haus als Innendekorateur tätig; er war im Innen- wie im Außendienst für alle damit zusammenhängenden Arbeiten zuständig.

Herr Schmitz war in den vielen Jahren bei unseren Kunden sehr beliebt und ist ein geschickter und zuverlässiger Fachmann. Die ihm übertragenen Arbeiten hat er immer mit Sorgfalt und Umsicht zu unserer vollsten Zufriedenheit ausgeführt.

Er war stets ehrlich, fleißig und pünktlich und hat sich gut in unsere Betriebsgemeinschaft eingepasst.

Herr Schmitz verlässt uns aufgrund eigener Kündigung.

Wir wünschen ihm für die Zukunft alles Gute.

Köln, den 31.03.2003
Unterschrift

Innendekorateur

ZEUGNIS

Frau Wilma Neumann, geboren am 10.04.1960, war vom 01.11.1995 bis 30.05.2003 in unserem Hause als Modeberaterin in dem Bereich Herrenkonfektion und Wäsche tätig. Frau Neumann hat viel Fachwissen und ein sehr aufgeschlossenes, freundliches Wesen. Dadurch war sie bei unseren oft anspruchsvollen Kunden sehr beliebt und konnte sie gut beraten.

Über den Verkauf hinaus hat Frau Neumann in einigen Artikelbereichen die Lagerhaltung überwacht und Ergänzungen und Nachbestellungen erledigt.

Frau Neumann hat alle ihr übertragenen Arbeiten zu unserer vollsten Zufriedenheit erledigt; sie ist ehrlich, fleißig und pünktlich. Bei den Kolleginnen war sie immer beliebt.

Frau Neumann verlässt uns auf eigenen Wunsch. Wir wünschen ihr für die Zukunft alles Gute.

Berlin, den 30.05.2003
Unterschrift

Modeberaterin

Einzelhandel Textilien: Innendekorateur

Für eine 22-jährige Betriebszugehörigkeit ist dieses Zeugnis zu kurz ausgefallen. Der Arbeitgeber hat sich bemüht, ein gutes Zeugnis zu verfassen. Formulierungen wie: »war bei unseren Kunden sehr beliebt und ist ein geschickter und zuverlässiger Fachmann«, »immer zu unserer vollsten Zufriedenheit ausgeführt« bestätigen diesen Eindruck. Darüber hinaus bleiben für den Leser aber einige Fragen offen. Unklar ist vor allem, warum Herr Schmitz nach so langer Zeit gekündigt hat? Es ist kaum vorstellbar, dass er mit 48 Jahren und so langer Betriebszugehörigkeit eine neue Stelle antritt. Hier ist eine entsprechende Nachfrage beim Arbeitnehmer zu empfehlen.
Gesamturteil: gut (ohne Berücksichtigung des Kündigungsgrundes).

Einzelhandel Textilien: Modeberaterin

Frau Neumann hat ein gutes Zeugnis erhalten, das allerdings die Frage offen lässt, wie ihr Verhältnis zu den Vorgesetzten war. Der Arbeitgeber hat ihre Aufgaben beschrieben und ihre Fachkompetenz und freundliche Art sehr betont (»hat viel Fachwissen«, »ein sehr aufgeschlossenes, freundliches Wesen«). Diese Eigenschaften sind für eine Verkäuferin unentbehrlich, ohne sie lassen sich keine guten Verkaufsergebnisse erzielen. Die Leistungen von Frau Neumann wurden durchgängig gut beurteilt (»hat die ihr übertragenen Aufgaben zu unserer vollsten Zufriedenheit erledigt«, »war immer beliebt«).
Gesamturteil: gut (ohne Beachtung der fehlenden Aussage zum Vorgesetztenverhältnis).

ZEUGNIS

Frau Ute Ehlers, geboren am 26.10.1970, trat am 01.02.1995 als kaufmännische Angestellte in unseren Betrieb ein.

Frau Ehlers war dabei als Sekretärin für den verantwortlichen Prokuristen im Bereich Standortsicherung/Expansion tätig.

Ihr Aufgabengebiet umfasste neben den einschlägigen kaufmännischen Tätigkeiten im Besonderen:
- die Terminplanung,
- die Erledigung der anfallenden Korrespondenz wie Briefe, Aktenvermerke, Standortanalyse, Rentabilitätsberechnungen etc.,
- die Reinschrift von Hauptmietverträgen, Untermietverträgen, Pachtverträgen und Optionen.

Frau Ehlers war in ihrer Arbeitsweise stets äußerst gewissenhaft und korrekt; eine Eigenschaft, die wir insbesondere bei der Erstellung von umfangreichen Verträgen und im Schriftverkehr gegenüber Grundbuchämtern besonders schätzen.

Sie war ehrlich, absolut vertrauenswürdig und hatte sehr gute Umgangsformen. Gerne bescheinigen wir, dass sie die übertragenen Aufgaben zu unserer vollsten Zufriedenheit ausführte.

Ihr Verhalten und ihre Zusammenarbeit mit Vorgesetzten und Kollegen war immer einwandfrei.

Frau Ehlers schied auf eigenen Wunsch zum 30.04.2003 aus unserem Unternehmen aus. Dem außerplanmäßigen Kündigungstermin wurde aufgrund persönlicher Umstände entsprochen. Er hatte keinerlei anderweitige Gründe.

Wir bedauern ihr Ausscheiden und wünschen ihr für die Zukunft beruflich viel Erfolg und persönlich alles Gute.

Krefeld, den 2.5.2003
Unterschrift

kaufmännische Angestellte

Großhandel Lebensmittel: Kaufmännische Angestellte
Frau Ehlers hat von ihrem Arbeitgeber ein vorbildliches und sehr gutes Zeugnis erhalten. Zunächst wird ihre Position im Betrieb erläutert (»Sekretärin für den verantwortlichen Prokuristen im Bereich Standortsicherung/Expansion«). Mit diesen Informationen kann sich der Leser ein erstes Bild von ihren Tätigkeiten und Anforderungen machen. Danach beschreibt der Verfasser die Aufgaben, die mit ihrer Funktion zusammenhängen. Sehr gut arbeitet er heraus, dass der gewissenhafte und korrekte Arbeitsstil von Frau Ehlers für das Erledigen ihrer Arbeiten eine notwendige Eigenschaft ist. Stilistisch gelungen leitet der Verfasser mit diesem Passus zur Leistungs- und Verhaltensbewertung über. Die Bewertung fällt durchgängig sehr gut aus (»absolut vertrauenswürdig«, »sehr gute Umgangsformen«, »Verhalten war immer einwandfrei«). Lediglich in einem Punkt schreibt der Verfasser nur: »vollsten Zufriedenheit« und verzichtet dabei auf das Zeitmoment »stets« oder »immer«, was in der Zeugnissprache zu der Note sehr gut führen würde. Im Kontext des Gesamtzeugnisses fällt diese Formulierung jedoch nicht ins Gewicht und ändert auch nichts am sehr positiven Eindruck. Gesamturteil: sehr gut.

ZEUGNIS

Herr Andreas Knopp, geboren am 04.08.1977, begann am 01.08.1997 in unserem Hause seine Ausbildung zum Groß- und Außenhandelskaufmann und schloss diese am 10.06.1999 vor der Handelskammer Gießen erfolgreich ab. Über den Verlauf der Ausbildung wurde ein gesondertes Zeugnis erstellt.

Nach der Ausbildung wurde Herr Knopp in unsere Marketingabteilung übernommen. Hier begann er seine Tätigkeit zunächst als Assistent des Gruppenleiters Verkaufsförderung. Unter seiner Anleitung hatte Herr Knopp sich sehr schnell in den Bereich Werbung/Verkaufsförderung eingearbeitet. Aufgrund seiner schnellen Auffassungsgabe und seiner Zuverlässigkeit konnte ihm schon bald ein eigener Tätigkeitsbereich übertragen werden.

Für unsere Produktpalette Pädiatrie und Heimtherapie hat er den gesamten werblichen Bereich betreut und mit großem Ideenreichtum für eine Verbesserung der Darstellung in Anzeigen und Prospekten gesorgt.

Ab April 2001 übertrugen wir Herrn Knopp den gesamten Bereich Werbung, Ausstellungen und Anzeigenplanung. Hier hat er große Selbstständigkeit und Zuverlässigkeit unter Beweis gestellt. Aufgrund seiner guten fachlichen Qualifikation und seines nebenberuflich absolvierten Studiums zum Kommunikationswirt ernannten wir Herrn Knopp am 01.04.2002 zum Marketingassistenten. In dieser Aufgabe wirkte er bei der Erarbeitung von Marketingstrategien und Produktkonzepten mit und nahm an der Planung und Durchführung von Direktmarketing und Verkaufsförderaktionen teil. Er entwickelte in Zusammenarbeit mit dem Marketingleiter Messestände unter Berücksichtigung kommunikationspolitischer Zielsetzungen und Restriktionen.

Ferner war Herr Knopp für den Aufbau von Messeständen, die Abstimmung und den reibungslosen Ablauf mit Messegesellschaften, Messebauern und den entsprechenden Abteilungen des Hauses verantwortlich. Bei großen Ausstellungen führte er anschließend eine unternehmerische Erfolgsauswertung durch.

Zu seinen weiteren Hauptaufgaben zählte die Bestellung und Verteilung von Werbegeschenken aller Art in Zusammenarbeit mit den Abteilungen des Hauses bzw. auf Anforderung.

Herr Knopp pflegte einen ausgezeichneten Kontakt zu Druckereien, Setzereien, Fotostudios, Textern, Verlagen und Lithographen, was für die produktive und konstruktive Abwicklung von Geschäftsvorfällen von wesentlicher Bedeutung war. Auch in seiner Aufgabe als Marketing-Assistent stellte Herr Knopp seine schnelle Auffassungsgabe und sein sehr gutes werbliches Fachwissen unter Beweis. Er ist ein absolut zuverlässiger und hilfsbereiter Mitarbeiter, der vertrauenswürdig ist und über eine sehr selbstständige und eigenverantwortliche Arbeitsweise verfügt.

Er vertrat stets unsere Interessen mit Energie und großem persönlichem Einsatz. Mit seinen Leistungen waren wir jederzeit voll zufrieden.

Sein aktiver, kooperativer und kreativer Arbeitsstil trug stets angenehm zu einer konstruktiven Zusammenarbeit zwischen Mitarbeitern, externen Geschäftspartnern und Vorgesetzten bei. Er hat ein aufgeschlossenes, freundliches Wesen und war bei Mitarbeitern, Kunden und Vorgesetzten als Gesprächspartner beliebt und geschätzt. Herr Knopp ist am 30.09.2003 aus unserem Hause auf eigenen Wunsch ausgeschieden. Wir bedauern seine Entscheidung, danken ihm für seine gute Mitarbeit und wünschen ihm für die Zukunft beruflich und privat alles Gute.

Marburg, den 15.10.2003
Unterschrift

Marketing-Assistent

Großhandel medizinische Geräte: Marketing-Assistent

Diesem Zeugnis ist deutlich anzumerken, wie zufrieden der Arbeitgeber mit Herrn Knopp war. Positiv fällt zunächst die Länge des Zeugnisses auf: Der Arbeitgeber hat sehr ausführlich die Tätigkeiten, Leistungen und das Verhalten gewürdigt. Angesichts der Länge der Betriebszugehörigkeit und der anspruchsvollen Aufgabe, die Herr Knopp bekleidete, ist die Länge des Zeugnisses und seine Ausführlichkeit angemessen, andere Beispiele zeigen aber, dass Arbeitgeber sich nicht immer diese Mühe machen. Der Verfasser beschreibt insgesamt sehr ausführlich und gut nachvollziehbar den beruflichen Werdegang und innerbetrieblichen Aufstieg. Dabei zeigt er, dass der Betrieb die Eigeninitiative von Herrn Knopp, ein nebenberufliches Studium zum Kommunikationswirt zu absolvieren, anerkannt und mit einer Beförderung belohnt hat. Entsprechend gut fallen die Bewertungen aus: »mit den Leistungen waren wir jederzeit voll zufrieden«, »sein aktiver, kooperativer und kreativer Arbeitsstil trug stets angenehm zu einer konstruktiven Zusammenarbeit … bei«, »er hat ein aufgeschlossenes, freundliches Wesen und war bei Mitarbeitern, Kunden und Vorgesetzten als Gesprächspartner beliebt und geschätzt«. Der Verfasser hat die Tätigkeiten und den Werdegang beispielhaft beschrieben und auch die Bewertungen lassen keine Wünsche offen. Ein hervorragendes Zeugnis!

Gesamturteil: sehr gut.

AUSBILDUNGSZEUGNIS

Frau Judith Blenkersen, geboren am 08.04.1979, hat vom 01. August 2000 bis zum 07. Juni 2003 in unserem Unternehmen eine Ausbildung als Kauffrau im Groß- und Außenhandel absolviert. Während dieser Zeit erhielt Frau Blenkersen in allen Abteilungen unseres Großhandelsunternehmens eine umfassende Ausbildung. Schwerpunktmäßig wurde Frau Blenkersen im Einkauf, Verkauf, Ausstellungs- und Lagerbereich sowie in der Buchhaltung ausgebildet. Darüber hinaus wurde sie mit den Aufgaben der elektronischen Datenverarbeitung und der allgemeinen Verwaltung vertraut gemacht. Frau Blenkersen zeigte sich während der Ausbildungszeit aufgeschlossen und allem Neuen gegenüber interessiert. Die ihr übertragenen Aufgaben erfüllte sie stets zu unserer Zufriedenheit. Wir lernten Frau Blenkersen als eine ehrliche und vertrauenswürdige Auszubildende kennen. Ihr Verhalten gegenüber Vorgesetzten, Mitarbeitern und Kunden war in jeder Hinsicht einwandfrei.

Leider ist es uns nicht möglich, Frau Blenkersen nach ihrer erfolgreich bestandenen Abschlussprüfung in ein Angestelltenverhältnis zu übernehmen.

Für ihre berufliche Zukunft wünschen wir Frau Blenkersen viel Erfolg.

Mainz, 07. Juni 2003
Unterschrift

Ausbildung zur Kauffrau im Groß- und Außenhandel

Großhandel Sanitär und Heizung:
Ausbildung zur Kauffrau im Groß- und Außenhandel
Das ist ein mittelmäßiges Ausbildungszeugnis. Mit der Formulierung »die ihr übertragenen Arbeiten erfüllte sie stets zu unserer Zufriedenheit« beschreibt der Verfasser, dass sie durchschnittliche Leistungen erbracht hat. Da in keinem Punkt des Zeugnisses ein besonderes Lob erscheint, ist davon auszugehen, dass der Arbeitgeber nicht sehr zufrieden mit Frau Blenkersen gewesen ist.
Gesamturteil: befriedigend bis ausreichend.

AUSBILDUNGSZEUGNIS

Frau Saskia Hünnecke, geboren am 08.11.1981, wurde in der Zeit vom 01.08.2000 bis zum 14.01.2003, dem Tag der mündlichen Prüfung, in unserem Unternehmen zur Speditionskauffrau ausgebildet.

Frau Hünnecke wurde im ersten Ausbildungsjahr in unserer USA-Export-Abteilung mit den Grundlagen der Überseespedition vertraut gemacht. Anschließend wurden Frau Hünnecke Kenntnisse in der Abwicklung von Sendungen für große Department Stores vermittelt. Sie erfuhr die Bedeutung des Kundenservices, der von dem Sendungsabruf bis zu den Verladebestätigungen reicht.

Eine ganze Seite der Überseespedition lernte Frau Hünnecke dann in unserer Containerabteilung kennen. In dieser Abteilung wurden neben der speditionellen Tätigkeit vor allem Elemente der Aufgaben der Reedereikaufleute vermittelt. Frau Hünnecke wurde in die Disposition von Sammelcontainern eingearbeitet und lernte die sachgerechte Handhabung der unterschiedlichen Seefrachttarife sowie die gesamte Dokumentation kennen.

Anschließend konnte Frau Hünnecke in unserer Abteilung Export-Allgemein bei der Bearbeitung von weltweiten Exportaufträgen ihr Wissen weiter ausbauen und vertiefen. Als besonderen Bereich lernte Frau Hünnecke die Abwicklung von Sammelcontainer Südafrika kennen. Ebenso zählte auch unser weltweiter Getränke-Exportbereich (speziell Bier) zu ihrem Ausbildungsgebiet. Frau Hünnecke erwarb in unserer Export-Allgemein-Abteilung detaillierte Kenntnisse der Dokumentenabwicklung.

In unserer Import-Abteilung wurde sie in die Handhabung der Zolltarife sowie in die unterschiedlichen Zollbestimmungen eingewiesen. Darüber hinaus war es Aufgabe von Frau Hünnecke, Anschlusstransporte ins In- und Ausland zu arrangieren. Dazu gehörte auch die Anwendung der maßgeblichen Tarife und Beförderungsbedingungen.

Aufgrund ihres großen Interesses und bereits guter Kenntnisse wurde Frau Hünnecke bis zum Ende ihrer Ausbildung in der Import-Abteilung bereits als Sachbearbeiterin eingesetzt. Diese Position erforderte die Abfertigung aller Sendungen der ihr zugeteilten Kunden zu allen Zollverkehren, die Offertenerstellung auf Anfrage, die Abrechnung unserer Dienstleistungen an den Kunden sowie eventuell auftretende Schadensbearbeitung.

Frau Hünnecke hat sich im Laufe ihrer Ausbildung stets sehr interessiert gezeigt und sich den ihr gestellten Aufgaben mit viel Einsatzfreude gewidmet. Sie hat sich durch ihre praktische und aufmerksame Art in allen Abteilungen gut eingearbeitet und ein optimales Grundwissen erworben. Ihr Verhalten gegenüber Mitarbeitern, Vorgesetzten und Kunden war jederzeit einwandfrei.

Frau Hünnecke wird im Anschluss an ihre Ausbildung als Importsachbearbeiterin ins unbefristete Angestelltenverhältnis übernommen.

Wir wünschen Frau Hünnecke für ihre berufliche und persönliche Zukunft alles Gute.

Kiel, den 14.01.2003
Unterschrift

Verkehr/Spedition

Spedition: Ausbildung zur Speditionskauffrau

Dies ist ein gutes bis sehr gutes Ausbildungszeugnis. Sehr ausführlich und gelungen stellt der Arbeitgeber die einzelnen Ausbildungsschritte dar. Man muss dieses Zeugnis nicht bis zum Ende lesen um zu erkennen, dass Frau Hünnecke nach ihrer Ausbildung in ein unbefristetes Arbeitsverhältnis übernommen wird. Der begeisterte Ton des Verfassers und die detaillierte Beschreibung und Bewertung ihrer Tätigkeiten machen deutlich, dass der Betrieb hier in die Ausbildung einer qualifizierten Nachwuchskraft investiert, und Frau Hünnecke ihre Aufgaben mit Bravour und Engagement gemeistert hat. Die sehr positive Bewertung (»stets interessiert«, »gut eingearbeitet«, »optimales Grundwissen erworben«, »Verhalten war jederzeit einwandfrei«) und die Übernahme in ein unbefristetes Arbeitsverhältnis sind der Beleg dafür.

Gesamturteil: sehr gut bis gut.

ZEUGNIS

Herr Michael Beier, geboren am 01.03.1962, war vom 15.03.1998 bis zum 30.06.2003 bei uns als kaufmännischer Angestellter in der Importabteilung beschäftigt. Zum Aufgabenbereich des Herrn Beier gehörte die selbstständige und komplette Abwicklung von Importaufträgen, was Disposition ab Abgangshafen, Verzollung, Weiterleitung an die Kunden und Abrechnung beinhaltete. Außerdem erarbeitete Herr Beier selbstständig Offerten für die Kundschaft.

Aufgrund seiner ausgezeichneten Kenntnisse war Herr Beier in der Lage, die Problematik der ihm gestellten Aufgaben schnell zu erkennen und danach zu handeln. In allen Sparten der Importspedition ist Herr Beier ein erstklassiger Fachmann. Seine Kenntnisse hat er zum Wohle der Firma und der Kundschaft eingesetzt, wobei, wenn es eine spezielle Aufgabe verlangte, sich Herr Beier auch über die normale Arbeitszeit hinaus zur Verfügung stellte. Auch die ihm anvertrauten Auszubildenden haben von dem Wissen des Herrn Beier profitiert, der sich stets mit Geduld und Aufmerksamkeit den Fragen der Auszubildenden widmete.

Herr Beier hatte einen sehr guten Kontakt zu allen Geschäftspartnern. Seine stets freundliche Art, kombiniert mit der Tatsache, dass Herr Beier niemals, auch nicht in Stresssituationen, ungeduldig wurde, brachte ihm Anerkennung und Lob der Kundschaft sowie der Lieferanten ein.

Zusammenfassend kann gesagt werden, dass Herr Beier zur vollsten Zufriedenheit der Geschäftsführung gearbeitet hat. Sein Verhältnis zur Geschäftsführung und das zu seinen Kolleginnen und Kollegen war stets tadellos. Herr Beier ist aufrichtig, ehrlich und pünktlich.

Mit Wirkung vom 30.06.2003 verlässt uns Herr Beier auf eigenen Wunsch. Wir bedauern sein Ausscheiden sehr und wünschen ihm für seine persönliche und berufliche Zukunft alles Gute.

Großburgwedel, den 30.06.2003
Unterschrift

Spedition: Kaufmännischer Angestellter

Hier weicht der Verfasser überzeugend vom klassischen Aufbau eines qualifizierten Zeugnisses ab. Er beschreibt nicht zunächst allein die Tätigkeiten um sie im Anschluss zu beurteilen. Vielmehr bewertet er die Aufgaben von Herrn Beier im direkten Zusammenhang mit der Aufgabenbeschreibung. An folgenden Formulierungen wird diese Einschätzung deutlich: »In allen Sparten der Importspedition ist Herr Beier ein erstklassiger Fachmann«, »außerdem erarbeitete Herr Beier selbstständig Offerten für die Kundschaft«, »auch die ihm anvertrauten Auszubildenden haben von dem Wissen des Herrn Beier profitiert, der sich stets mit Geduld und Aufmerksamkeit den Fragen der Auszubildenden widmete«. Durch die Verknüpfung deskriptiver mit wertenden Elementen ist es dem Verfasser gelungen, Tätigkeitsbeschreibung und Bewertung in einem ausgewogenen Verhältnis darzustellen und Herrn Beier ein sehr gutes Zeugnis zu schreiben.

Gesamturteil: sehr gut.

ZEUGNIS

Herr Arne Springer, geboren am 01.03.1957, war vom 28. November 1997 bis zum 31. Mai 2003 in unserem Unternehmen als Busfahrer beschäftigt.

Die ihm übertragenen Aufgaben erfüllte Herr Springer stets zu unserer vollen Zufriedenheit.

Besonders hervorzuheben sind sein kundenfreundliches Verhalten sowie seine fahrerischen Fähigkeiten.

Das Arbeitsverhältnis von Herrn Springer endete im gegenseitigen Einvernehmen. Wir wünschen ihm für die Zukunft alles Gute.

Kiel, den 31.05.2003
Unterschrift

Busfahrer

AUSBILDUNGSZEUGNIS

Herr Tim Koch, geboren am 19. April 1981 in Bremerhaven, stand vom 01.10.2001 bis zum 10.09.2003 bei uns in Ausbildung zum Sparkassenkaufmann.

Während dieser Zeit hatte er ausreichend Gelegenheit, sich ein entsprechendes Fachwissen anzueignen.

Herr Koch zeigte sich als ein aufgeschlossener junger Mensch, der mit Intelligenz und Umsicht bemüht war, sich die notwendigen Kenntnisse anzueignen. Gegenüber unseren Kunden, Vorgesetzten und Mitarbeitern war er höflich und zuvorkommend.

Wegen Wegzug der Mutter sah Herr Koch sich gezwungen, am 10.09.2003 seine Ausbildung abzubrechen. Er gab uns einen entsprechenden Antrag, dem wir entsprochen haben.

Für seinen neuen Lebensabschnitt wünschen wir Herrn Koch Glück und Erfolg.

Bremerhaven, den 10. September 2003
Unterschrift

Ausbildung zum Sparkassenkaufmann

Verkehr: Busfahrer

Für eine Betriebszugehörigkeit von fast sechs Jahren ist das Zeugnis sehr kurz ausgefallen. Der Arbeitgeber hatte offensichtlich kein Interesse, Herrn Springer ein umfassendes, wohlwollendes Zeugnis auszustellen. Es fehlen Aussagen über das Unternehmen (z. B.: »wir verstehen uns als modernes Dienstleistungsunternehmen« oder »unsere Busse werden überwiegend für Tagesausflugsfahrten angefordert«), zum Tätigkeitsbereich (z. B.: »Herr Springer wurde von uns ausschließlich im Stadtverkehr eingesetzt«), zu den einzelnen Aufgaben (z. B.: Busübernahme und Bus-Check, Abrechnung etc.). Auch eine umfassende Bewertung der Leistungen und des Verhaltens findet in dem Zeugnis nicht statt. Es werden neben der allgemeinen Beurteilung lediglich das kundenfreundliche Verhalten sowie seine fahrerischen Fähigkeiten hervorgehoben – weitere erwähnenswerte Eigenschaften scheint Herr Springer nicht zu besitzen. Die Abschlussformulierung (»endete im gegenseitigen Einvernehmen«) deutet zwar auf einen Aufhebungsvertrag hin, im Kontext des gesamten, sehr knappen Zeugnisses liegt aber die Vermutung nahe, dass die Initiative zur Trennung vom Arbeitgeber ausgegangen ist.
Gesamturteil: ausreichend.

Kreditinstitute und Versicherungen

Kreditinstitute: Ausbildung zum Sparkassenkaufmann

Herr Koch hat ein sehr schlechtes Zeugnis erhalten. Indem der Arbeitgeber schreibt: »während dieser Zeit hatte er ausreichend Gelegenheit, sich ein entsprechendes Fachwissen anzueignen«, bescheinigt er dem Auszubildenden völlige Inkompetenz und das Versagen in der Ausbildung. Ergänzt wird diese Einschätzung von dem Satz: »war mit Intelligenz und Umsicht bemüht, sich die notwendigen Kenntnisse anzueignen«. Da auch die Abschlussfloskeln kein Bedauern über den Weggang von Herrn Koch beinhalten, der Verfasser vielmehr betont, dass man dem Antrag auf Abbruch der Ausbildung entsprochen habe, liegt der Schluss nahe, dass der Arbeitgeber froh ist, Herrn Koch los zu sein.
Gesamturteil: ungenügend.

ZEUGNIS

Frau Petra Blümel, geboren am 16.10.1966, war vom 01.04.1997 bis zum 31.12.2003 in unserem Hause beschäftigt.

Während dieser Zeit war sie mit folgenden Tätigkeiten betraut:
- Anwendung von PC-Programmen zur Berechnung der Überschussbeteiligung in der Lebensversicherung,
- Erstellung von Statistiken zur Kraftfahrt- und Lebensversicherung mit Hilfe des Software-Produkts Open Access II sowie deren Kommentierung und graphische Aufbereitung,
- Zusammenstellung der Beträge zu erstattender Quellensteuer sowie in Zusammenarbeit mit der EDV die Erstellung und Verschickung der Anschreiben und Schecks,
- Bearbeitung der Programmdokumentation für eine System-Umstellung mit Hilfe von ICCF,
- Durchführung von Rechenarbeiten bei der Erstellung von Nachweisungen zur internen Rechnungsbelegung von Lebensversicherungsunternehmen,
- Konzeption eines Pascal-Programmes, das die Aktivwerte für die Ertragssteuer- und Vermögenssteuerbilanz aus den Daten des Bestandsführungssystems errechnet. Zuvor Berechnung dieser Werte für einen Gruppenvertrag.

Aufgrund ihrer guten Auffassungsgabe und ihrer großen Einsatzbereitschaft war Frau Blümel schon nach kurzer Zeit fähig, die ihr gestellten Aufgaben mit den vorhandenen technischen Hilfsmitteln wie IBM-PC mit Software Open Access II, PC-Text 3 und den Programmiersprachen Basic und Turbo Pascal qualitativ zu unserer vollen Zufriedenheit zu lösen.

Hervorzuheben sind besonders ihre Belastbarkeit und Ausdauer sowie ihre gute Arbeitsplanung, sodass sie auch schwierige Probleme in Abstimmung mit den betroffenen Kollegen lösen konnte. Bei Vorgesetzten und Kollegen war sie aufgrund ihrer Verlässlichkeit und Hilfsbereitschaft eine gern gesehene Mitarbeiterin.

Wir haben Frau Blümel als eine sehr interessierte und aktive Mitarbeiterin kennen gelernt und wünschen ihr für ihren weiteren Berufsweg alles Gute.

Bielefeld, den 31.12.2003
Unterschrift

EDV-Sachbearbeiterin

Kreditinstitute und Versicherungen

Versicherungsgewerbe: EDV-Sachbearbeiterin
Frau Blümel hat ein mittelmäßiges Zeugnis erhalten. Der Tätigkeitsbeschreibung wird breiter Raum eingeräumt, während die Leistungs- und Führungsbeurteilung knapp ausfällt. Mit Formulierungen wie »löst die ihr gestellten Aufgaben zu unserer vollen Zufriedenheit«, stellt der Arbeitgeber klar, dass die Leistungen mittelmäßig sind. Auch Aussagen wie:»konnte auch schwierige Probleme in Abstimmung mit den Kollegen lösen«, oder »war aufgrund ihrer Verlässlichkeit und Hilfsbereitschaft eine gern gesehene Mitarbeiterin«, oder »wir haben sie als interessierte und aktive Mitarbeiterin kennen gelernt«, charakterisieren eher mittelmäßige Leistung. Der Verfasser trifft keine Aussage zu den Gründen für die Beendigung des Arbeitsverhältnisses. Dadurch entsteht viel Raum für Spekulationen.
Gesamturteil: befriedigend bis ausreichend.

ZEUGNIS

Frau Dipl.-Ing. Univ. Architektin Ute Kaufmann, geboren am 14.06.1965, war vom 01. Juli 1999 bis 31. Dezember 2003 in unserer Firma beschäftigt.

Ihre Ausbildung und ihrem beruflichen Werdegang entsprechend, war Frau Kaufmann in unserer Planungsabteilung tätig. Als Leiterin dieser Abteilung umfassten ihre Aufgabengebiete folgende Tätigkeiten:

- Entwurfsplanung,
- Bauanträge,
- Werk- und Detailplanung,
- Ausbildung der Lehrlinge.

Frau Kaufmann führte ihre Arbeit völlig selbstständig und eigenverantwortlich aus. Hierbei kamen ihr ihre sehr gute Auffassungsgabe, ihr fundiertes Fachwissen und ihr großes Interesse an geschäftlichen und gesamtwirtschaftlichen Vorgängen und Zusammenhängen sehr zustatten.

Frau Kaufmann erbrachte die ihr übertragenen Leistungen stets zu unserer vollsten Zufriedenheit. Exakte Arbeitsweise, unbedingte Zuverlässigkeit in Verbindung mit ausgeprägtem Verantwortungsbewusstsein kennzeichneten ihre Arbeit.

Sie erwies sich als kollegiale Partnerin den anderen Mitarbeitern gegenüber. Sie war eine treue, loyale Mitarbeiterin, auf die wir uns verlassen konnten.

Frau Kaufmann verlässt uns am 31. Dezember 2003, um neue Aufgaben zu übernehmen. Wir wünschen ihr für ihre weitere Zukunft alles Gute.

Duisburg, den 31.12.2003
Unterschrift

Architektin

Sonstige Dienstleistungen und freie Berufe

Architekturbüro: Architektin
Das Zeugnis ist hervorragend strukturiert. Frau Kaufmann hat ein erstklassiges Zeugnis erhalten. Ihre Position (Abteilungsleiterin) und das damit verbundene Aufgabengebiet werden eingangs beschrieben. Zur Beurteilung der Leistungen und Führungseigenschaften orientiert sich der Arbeitgeber an den beruflichen Anforderungen, die an eine Architektin und Führungskraft gestellt werden (»führte ihre Arbeit völlig selbstständig und eigenverantwortlich aus«, »exakte Arbeitsweise, unbedingte Zuverlässigkeit in Verbindung mit ausgeprägtem Verantwortungsbewusstsein kennzeichnen ihre Arbeit«). So erhält der Leser einen sehr positiven Eindruck von Frau Kaufmann. Der Eindruck wird durch eine sehr gute allgemeine Leistungs- und Führungsbewertung (»stets zu unserer vollsten Zufriedenheit«) abgerundet. Leider bedankt sich der Arbeitgeber nicht bei Frau Kaufmann.
Gesamturteil: sehr gut.

ZWISCHENZEUGNIS

Frau Susanne Schröder, geb. am 19.05.1965, ist in unserem Unternehmen seit dem 01.08.1986 beschäftigt. Sie durchlief zunächst eine Ausbildung zur Datenverarbeitungskauffrau und wurde anschließend in die Abteilung Programmierung übernommen. Innerhalb dieser Abteilung war Frau Schröder zuständig für die Erstellung von Lohnprogrammen. Seit 1996 gehört Frau Schröder zur Abteilung Software-Service und ist dort für die Bereiche Warenwirtschaft, Lohn sowie Finanzbuchhaltung und deren Nebengebiete zuständig.

Im Einzelnen zählt zu ihren Aufgaben:
- Ansprechpartner für sämtliche Software-Probleme und Bindeglied zur Programmierabteilung
- Beseitigung von Programmfehlern in Zusammenarbeit mit der Programmierabteilung
- Telefonischer Hotline-Support in Anwenderfragen
- Außendiensttätigkeit in den genannten Arbeitsbereichen
- Schulung von Kundenpersonal und neuen Mitarbeitern

Frau Schröder bewältigt diesen schwierigen Aufgabenbereich auch in hektischen Zeiten dank ihres hohen Fachwissens und ihrer Erfahrung mit der erforderlichen Souveränität. Sie besitzt ein freundliches, ausgeglichenes Wesen und ist bei Vorgesetzten, Mitarbeitern und Kunden gleichermaßen beliebt. Ihr Verhalten ist inner- wie außerbetrieblich stets tadellos.
Insgesamt können wir sagen, dass Frau Schröder stets zu unserer vollsten Zufriedenheit arbeitet, und wir können sie als tüchtige Kraft jederzeit bestens empfehlen.
Dieses Zwischenzeugnis wird auf Wunsch von Frau Schröder erstellt, und wir hoffen, dass sie noch einige Zeit in unserem Unternehmen tätig sein wird.

Berlin, den 08.10.2003
Unterschrift

Datenverarbeitungskauffrau

ZEUGNIS

Frau Uta Beckel, geboren am 08.03.1972, war vom 28.03.2001 bis zum 18.11.2003 in meinem Damen- und Herrensalon als Friseurin beschäftigt.
Frau Beckel war eine zuverlässige, ehrliche und freundliche Mitarbeiterin. Sie war stets pünktlich und erledigte ihre Arbeiten zu meiner vollsten Zufriedenheit.
Sie verfügt über sehr gute Kenntnisse im Bereich Langhaar und dekorative Kosmetik. Der Austritt aus meinem Salon erfolgt auf eigenen Wunsch.
Ich wünsche Frau Beckel für die Zukunft alles Gute.

Karlsruhe, den 18.11.2003
Unterschrift

Friseurin

Computerbranche: Datenverarbeitungskauffrau

Dieses Zwischenzeugnis fällt dadurch auf, dass es sehr knapp gehalten wurde. Für einen Beschäftigungszeitraum von mehr als 17 Jahren wäre eine umfassendere Darstellung von Werdegang, Tätigkeiten, Leistungsbeurteilung sowie Führungsverhalten angemessen gewesen. Gleichwohl ist es dem Arbeitgeber gelungen, Frau Schröder ein gutes Zeugnis auszustellen. Ganz offensichtlich ist er mit ihr sehr zufrieden. Dies bringt er vor allem im letzten Satz zum Ausdruck. Es bleibt allerdings offen, warum ein Zwischenzeugnis ausgestellt wurde. Hier bleibt Raum für Spekulation.
Gesamturteil: gut

Friseur: Friseurin

Hier hat der Arbeitgeber auf eine ausführliche Tätigkeitsbeschreibung verzichtet, obwohl sie zu einem qualifizierten Zeugnis dazugehört. Dafür unterstreicht er die besonderen Fähigkeiten von Frau Beckel, ihre Kenntnisse im Bereich Langhaar und der dekorativen Kosmetik. Auf diese Weise erhält der Leser einen besonders positiven, über das Berufsbild Friseurin hinausgehenden Eindruck. Insgesamt werden die Leistungen und das Verhalten mit gut bewertet (»zu meiner vollsten Zufriedenheit«).
Gesamturteil: gut.

118   Zeugnisbeispiele mit Erläuterungen

ZEUGNIS

Frau Birgit Meier, geboren am 16.09.1963, war vom 15.10.2000 bis zum 31.12.2003 für uns als Raumpflegerin tätig.
Ihre Aufgabe bestand im Reinigen der Büros und Besprechungsräume, der Flure, des Treppenhauses, der Personalküchen und der Toiletten.
Frau Meier war fleißig, gewissenhaft und zuverlässig. Sie wurde von allen sehr geschätzt.
Frau Meier verlässt uns auf eigenen Wunsch.
Wir bedanken uns für ihre Unterstützung und wünschen ihr für die Zukunft alles Gute.

Diepholz, den 31.12.2003
Unterschrift

Putzfrau

ZEUGNIS

Frau Marie Eckart, geboren am 17.08.1971 in Detmold, war vom 01.01.2001 bis zum 31.07.2003 als Apothekerin tätig.
Frau Eckart wurden folgende Tätigkeiten übertragen:
Handverkauf und Beratung gegenüber Kunden, Taxieren der Rezepte und des Sprechstundenbedarfs, Führung der Betäubungsmittel- und der Importkartei, Aufsicht über die Rezeptur- und Defekturarbeiten sowie Gestaltung der Frei- und Sichtwahl. Besonders hervorzuheben ist das Engagement, mit dem Frau Eckart unseren Leitgedanken, sich um den Patienten zu bemühen (Pharmaceutical Care), umsetzte. Während der Urlaubszeit hat mich Frau Eckart vertreten. In dieser Zeit versah sie auch den anstehenden Nachtdienst.
Die ihr übertragenen Aufgaben erledigte sie stets zu meiner vollsten Zufriedenheit. Frau Eckart erweiterte in der Zeit ihrer Beschäftigung in meiner Apotheke ihr Fachwissen durch die Teilnahme an verschiedenen Seminaren. Dafür verdient sie vollste Anerkennung.
Frau Eckart zeichnete sich während ihrer Betriebszugehörigkeit durch Kollegialität, Hilfsbereitschaft, Freundlichkeit und Zuverlässigkeit aus. Bei unseren Kunden und Mitarbeitern war sie aufgrund dieser Eigenschaften sehr beliebt.
Frau Eckart verlässt meine Apotheke auf eigenen Wunsch. Ich wünsche ihr für ihre berufliche und private Zukunft alles Gute.

Gütersloh, den 31. Juli 2003
Unterschrift

Apothekerin

Gebäudereinigung: Putzfrau

Es ist nicht üblich, für Putzfrauen qualifizierte Zeugnisse zu verfassen. Umso erfreulicher ist es, dass der Arbeitgeber hier zwar ein kurzes, aber doch in der Bewertung sehr gutes Zeugnis (»fleißig, gewissenhaft und zuverlässig«) geschrieben hat.
Gesamturteil: sehr gut.

Gesundheitswesen: Apothekerin

Hier liegt ein sehr gutes Zeugnis vor. Dem Arbeitgeber ist es gelungen, die Tätigkeiten umfassend darzustellen und sie einer umfassenden Bewertung zu unterziehen. Berufstypische Merkmale hat er besonders herausgearbeitet. So muss eine Apothekerin nicht nur Fachkompetenz und gutes Sozialverhalten, sondern auch gute Umgangsformen mitbringen. Frau Eckart werden beide Eigenschaften hervorragend bescheinigt. Sie hat sich beruflich fortgebildet und war gegenüber Kunden und Kollegen hilfsbereit, freundlich, zuverlässig und kollegial. Leider erwähnt der Verfasser ihr Verhältnis zum Vorgesetzten nicht explizit. Es finden sich aber in keinem Punkt des Zeugnisses Hinweise auf eine Störung.
Gesamturteil: sehr gut.

ZEUGNIS

Frau Barbara Räker, geboren am 2. Januar 1974 in Bonn, war vom 1. Juni 1998 bis 31. Dezember 2003 in meiner Praxis als Arzthelferin tätig; zunächst als Halbtagskraft bis 31. Dezember 1998, anschließend als Ganztagskraft bis 31. Dezember 2003.
Das Aufgabengebiet von Frau Räker umfasste den gesamten allgemeinmedizinischen Bereich.
Dazu gehörten unter anderem Laboruntersuchungen, Blutentnahmen, EKGs, Lungenfunktionsmessungen, Bestrahlungstherapie und Assistenz bei ambulanter Behandlung.
Zu den anfallenden Büroarbeiten, die Frau Räker zu erledigen hatte, zählten z.b. die Führung der Patientenkartei, die kassenärztliche und privatärztliche Abrechnung, das Anfertigen von Arztbriefen und anderen Schriftstücken mit der Schreibmaschine und das Ausstellen von Formularen.
Außerdem gehörten zu ihrem Tätigkeitsbereich die Patientenbestellung und der Patientenempfang.
Frau Räker hat stets mit absoluter Zuverlässigkeit, Einfühlungsvermögen und Pünktlichkeit alle ihr übertragenen Aufgaben zu meiner vollsten Zufriedenheit erledigt. Dabei hat sie immer mit äußerster Genauigkeit und größter Sorgfalt gearbeitet. Sie beherrscht ihren Arbeitsbereich sicher und selbstständig und besitzt ein umfassendes und vielseitiges Fachkönnen. Frau Räker zeigte Initiative und setzte sich mit großem Fleiß und Eifer ein.
Ihr Verhalten gegenüber Vorgesetzten und Mitarbeitern war stets vorbildlich. Auch im Umgang mit Patienten zeigte sie sich immer freundlich und hilfsbereit.
Frau Räker verlässt meine Praxis auf eigenen Wunsch, da sie sich beruflich verändern möchte.
Ich danke ihr für die geleistete Mitarbeit und wünsche ihr für die Zukunft Erfolg und alles Gute.

Düsseldorf, den 31.12.2003
Unterschrift

Arzthelferin

Gesundheitswesen: Arzthelferin
Frau Räker hat ein sehr gutes Zeugnis erhalten. Der Arbeitgeber hat ihr bescheinigt, dass sie alle für eine Arzthelferin erforderlichen Eigenschaften besitzt. Sehr ausführlich und detailliert hat der Verfasser ihre Aufgaben beschrieben. Er wertet vor allem Eigenschaften, die von einer Arzthelferin erwartet werden. Frau Räker ist absolut zuverlässig und pünktlich (Außendarstellung der Praxis), sie arbeitet mit »äußerster Genauigkeit« und »größter Sorgfalt« (Laborarbeiten, Assistenz und Untersuchungen) und »sie beherrscht ihren Arbeitsbereich sicher und selbstständig« (Verlässlichkeit in der Praxisführung). Frau Räker wird auch in weiteren Punkten hervorragend bewertet. Am Ende hat der Arbeitgeber den Grund für das Ausscheiden genannt. Damit rundet er das insgesamt gelungene Zeugnis ab.
Gesamturteil: sehr gut.

ZEUGNIS

Frau Roswitha Schnurr, geboren am 07.08.1963, war vom 01.08.1994 bis zum 14.06.2003 (mit Unterbrechungszeiten durch saisonbedingte Betriebsferien im Frühjahr und Herbst – ca. 9 Wochen im Jahr) als

Restaurantleiterin

in unserem Hause beschäftigt.
Wir lernten Frau Schnurr als fleißige, ehrliche, pünktliche und umgängliche Mitarbeiterin kennen, die täglich neue und ungewöhnliche Situationen bewältigte.
Zu ihrem Aufgabenbereich gehörte:
- Erstellung der Dienstpläne,
- Einteilung der Kellnerstationen im Restaurant, 200 Sitzplätze,
- Platzierung der Gäste,
- Dekorieren und Eindecken der Tische zu besonderen Anlässen wie Hochzeiten und Familienfeiern,
- Arbeiten mit der Neptune-Computeranlage,
- Arbeiten im Teildienst mit Übernahme des Abenddienstes an der Hotelbar bei Abwesenheit der Kollegen,
- Tranchieren, Flambieren, Filetieren und Vorlegen von Speisen der gutbürgerlichen und gehobenen Küche,
- Bedienen der Gäste und Stammgäste sowie Gruppen im Pensions- und à-la-carte-Geschäft,
- Betreuung und Unterweisung von Auszubildenden im Hotel- und Restaurantfach,
- Einarbeitung von neuen Mitarbeitern.

Die ihr übertragenen Aufgaben erledigte sie stets ordnungsgemäß und zu unserer vollen Zufriedenheit.
Gerne bestätigen wir, dass Frau Schnurr sich mit Fleiß und Ehrlichkeit ihrer Arbeit widmete.
Gegenüber ihren Vorgesetzten und Mitarbeitern verhielt sie sich stets korrekt und war bei unseren Gästen beliebt.
Frau Schnurr verlässt unser Haus auf eigenen Wunsch, das Arbeitsverhältnis endet zum 14.06.2003.
Wir wünschen ihr für die Zukunft alles Gute.

Köln, den 14.06.2003
Unterschrift

Hotel- und Gaststättengewerbe: Restaurantleiterin

Frau Schnurr hat von ihrem Arbeitgeber nach neunjähriger Betriebszugehörigkeit ein gutes Zeugnis erhalten. Es ist richtig, dass der Verfasser zu Beginn des Zeugnistextes die Dauer des Arbeitsverhältnisses und gleichzeitig die regelmäßigen, saisonbedingten Betriebsferien benennt. Die vorgezogene Bewertung (»wir lernten Frau Schnurr als fleißige, ehrliche, pünktliche und umgängliche Mitarbeiterin kennen, die täglich neue und ungewöhnliche Situationen bewältigte«) ist vor der Tätigkeitsbeschreibung deplatziert. Sie hätte am Ende bei den übrigen Bewertungen erscheinen müssen. In der Beurteilung wird deutlich, dass der Arbeitgeber mit Frau Schnurr zufrieden war. Er war mit den Leistungen stets voll zufrieden, sie hat sich mit Fleiß und Ehrlichkeit ihrer Arbeit gewidmet, verhielt sich stets korrekt und war bei den Gästen beliebt. Somit erfüllt sie alle Anforderungen, die an eine gute Restaurantleiterin zu stellen sind.

Gesamturteil: gut

ZWISCHENZEUGNIS

Frau Laura Lüdecke, geboren am 16.09.1972, ist seit dem 29.10.1998 in unserem Unternehmen in ungekündigter Stellung tätig. Dieses Zwischenzeugnis wird auf Wunsch von Frau Lüdecke erstellt, da sie sich aus privaten Gründen beruflich verändern möchte.
Unser Haus ist ein Hotel mit 80 Zimmern in der mittleren Preiskategorie mit ca. 25 Mitarbeitern. Das Haus erfreut sich einer konstant hohen Zimmerauslastung. Frau Lüdecke begann ihre Tätigkeit in unserem Hause als Rezeptionistin und avancierte im Januar 2000 aufgrund ihrer guten Leistungen zur Empfangsleiterin. Ab 01.04.2001 übernahm Frau Lüdecke kommissarisch die Position der Betriebsleiterin, da unsere ehemalige Betriebsleiterin für längere Zeit erkrankt war. Gern würden wir Frau Lüdecke in dieser Position weiterbeschäftigen, aufgrund ihres geplanten Ortswechsels in den norddeutschen Raum kann sie diese Position jedoch nur noch kommissarisch ausüben.
Beginnend als Rezeptionistin zeigte Frau Lüdecke jederzeit großen Arbeitseinsatz, Verantwortungsbewusstsein, Umsichtigkeit und Zuverlässigkeit. Sie zeichnet sich aus durch ihre äußerst angenehme Art im Umgang mit Gästen, Mitarbeitern und Vorgesetzten. Frau Lüdecke ist freundlich, verbindlich, hilfsbereit, konsequent und loyal.
Da sich Frau Lüdecke über das übliche Maß hinaus eingesetzt hat, bereit war, Verantwortung zu übernehmen, sehr selbstständig gearbeitet hat und sich immer für die Belange der Firma eingesetzt hat, wurde sie innerhalb des Hauses zur Empfangsleiterin befördert und ein Jahr später mit der Betriebsleitung beauftragt.
In dieser Position ist sie verantwortlich für alle mit dem Hotel verbundenen Bereiche wie Empfang, Reservierung, Tagesabrechnungen, die gesamte Korrespondenz, Etage, Restauration sowie alle Personalbelange in Abstimmung mit der Geschäftsleitung. Die ihr übertragenen Aufgaben führte Frau Lüdecke stets zu unserer vollsten Zufriedenheit und mit großer Selbstständigkeit aus. Wir bedauern es schon heute sehr, aufgrund des geplanten Ortswechsels von Frau Lüdecke für die Zukunft auf ihre Mitarbeit verzichten zu müssen. Wir verlieren mit ihr eine kompetente Mitarbeiterin, die wir bestens empfehlen können.
Wir wünschen Frau Lüdecke für ihre berufliche und private Zukunft alles Gute.

München, den 10.05.2003
Unterschrift

Hotelleiterin

Hotel- und Gaststättengewerbe: Hotelleiterin

Frau Lüdecke hat ein erstklassiges Zeugnis erhalten. Die eingangs erläuterten Gründe für die Ausstellung eines Zwischenzeugnisses vermitteln gleich einen ersten positiven Eindruck. Dieser wird verstärkt, indem das Hotel mit seiner Auslastungssituation beschrieben wird. Der Leser erhält damit einen guten Eindruck vom Tätigkeitsbereich von Frau Lüdecke. Der Text weicht zwar anschließend vom klassischen Aufbau eines qualifizierten Zeugnisses ab, bleibt jedoch überzeugend. Der Verfasser beschreibt einerseits den innerbetrieblichen und beruflichen Werdegang und bewertet die jeweiligen Stationen sofort. So kann er sehr gut seine hervorragende Beurteilung mit dem beruflichen Aufstieg verknüpfen und begründen (»Da sich Frau Lüdecke über das übliche Maß hinaus eingesetzt hat, bereit war, Verantwortung zu übernehmen, sehr selbstständig gearbeitet hat und sich immer für die Belange der Firma eingesetzt hat, wurde sie innerhalb des Hauses zur Empfangsleiterin befördert und ein Jahr später mit der Betriebsleitung beauftragt.«). Dem Zeugnis ist außerdem an mehreren Stellen zu entnehmen, wie sehr der Arbeitgeber den Weggang von Frau Lüdecke bedauert (z. B.: »Gern würden wir Frau Lüdecke in dieser Position weiterbeschäftigen, aufgrund ihres geplanten Ortswechsels in den norddeutschen Raum kann sie diese Position jedoch nur noch kommissarisch ausüben.«). Gesamturteil: sehr gut.

ZEUGNIS

Herr Diplom-Ingenieur Anton Meier, geboren am 06.01.1968, war in der Zeit vom 16.05.1998 bis 30.09.2003 bei uns als Konstruktionsingenieur tätig.

Er war mit folgenden Tätigkeiten betraut:
- Selbstständige Konstruktion kompletter Baugruppen von Papierkalandern,
- Überwachung der Detaillierungen bis zur werkstattgerechten Zeichnung,
- Stücklistenerstellung als umsetzungsreifer Einkaufsvorschlag.

Herr Meier war arbeitsfreudig und hat bewiesen, dass er in der Lage ist, auch schwierige Aufgabenstellungen zu unserer vollsten Zufriedenheit selbstständig auszuführen. Sein Verhalten und seine Führung Mitarbeitern und Vorgesetzten gegenüber waren ohne Tadel. Er genießt unter Kollegen ein hohes Ansehen.

Aufgrund drastischer Auftragsrückgänge, verbunden mit der Auflösung des Konstruktionsbereiches Papierveredelungsanlagen (Kalander etc.) scheidet Herr Meier per 30.09.2003 zu unserem Bedauern aus. Wir wünschen ihm für die Zukunft alles Gute.

Hamburg, den 30.09.2003
Unterschrift

Ingenieurbüro: Konstruktionsingenieur
Das Zeugnis fällt nach einer mehr als fünfjährigen Betriebszugehörigkeit und einer anspruchsvollen Tätigkeit sehr knapp aus. Der Arbeitgeber hatte offensichtlich kein Interesse, Herrn Meier ein umfassendes und wohlwollendes Zeugnis auszustellen. Er beschreibt zunächst sehr knapp die Tätigkeiten in drei Spiegelstrichen. Die anschließende Bewertung fällt ebenso kurz aus und die einzelnen Beurteilungen sind zweideutig und schlecht. Formulierungen wie »war arbeitsfreudig« und »sein Verhalten und seine Führung waren ohne Tadel« vermitteln den Eindruck, dass Herr Meier Grund zur Beanstandung gegeben hat. Sonst hätte der Satz lauten müssen: »Sein Verhalten und seine Führung waren tadellos.« Auch die Formulierung »hat bewiesen, dass er in der Lage ist, auch schwirige Aufgabenstellungen zu unserer vollsten Zufriedenheit selbstständig auszuführen« schränken eine Leistungsbeurteilung sehr ein. Der Hinweis auf sein hohes Ansehen im Kollegenkreis kann als Hinweis auf einen für Arbeitnehmerinteressen engagierten Mitarbeiter (miss-)verstanden werden.
Gesamturteil: ausreichend.

ZWISCHENZEUGNIS

Frau Ulrike Kinstler ist seit dem 1.4.1999 in unserer Kindergruppe beschäftigt. Während ihrer Tätigkeit bei uns machte sie in der Zeit vom 1.4.1999 bis zum 31.3.2000 berufsbegleitend eine Ausbildung zur Erzieherin. Im Anschluss daran übernahmen wir Frau Kinstler in ein unbefristetes Arbeitsverhältnis.
Frau Kinstler betreut mit drei weiteren Mitarbeiterinnen (Gruppenleiterin, Praktikantinnen, Zivildienstleistende) 16 Kinder im Alter von drei bis sechs Jahren. Während ihrer Tätigkeit in unserer Kindergruppe haben wir Frau Kinstler stets als zuverlässige, konsequente und hilfsbereite Mitarbeiterin kennen und schätzen gelernt. Den Kindern begegnete sie geduldig und mit großem Einfühlungsvermögen. Mit ihrer liebenswerten und fröhlichen Art ist sie bei allen Kindern, ihren Kollegen und den Eltern sehr beliebt und anerkannt. Es gelang ihr sehr gut eine gelöste Gruppenatmosphäre herzustellen. In ihrer Arbeit legte Frau Kinstler besonderen Wert auf die Erziehung der Kinder zu Selbstständigkeit und Eigenverantwortung. Im Umgang mit dem einzelnen Kind und in der Gruppe verstand sie es an den Interessen und Bedürfnissen der Kinder anzusetzen und diese durch geschickte Impulse individuell zu fördern. Von Anfang an hatte sie keinerlei Schwierigkeiten Kontakt zu den Kindern herzustellen und durch zielgerichtetes pädagogisches Handeln unter anderem zu konstruktivem Spiel anzuleiten. Allen ihr übertragenen Aufgaben begegnete sie mit Umsicht und großem Verantwortungsgefühl und erledigte sie stets zu unserer vollsten Zufriedenheit. An den wöchentlich stattfindenden Teamgesprächen beteiligte sich Frau Kinstler mit großem Engagement und sehr konstruktiven Beiträgen. Insbesondere im Entwickeln und Umsetzen von Ideen bei der Arbeit in Projekten zeichnete sie sich aus. Frau Kinstler ist zu unserer großen Freude stets bereit, sich auch über die Arbeitszeit hinaus zu engagieren. Wir freuen uns, dass Frau Kinstler auch nach Beendigung ihrer Ausbildung zur Erzieherin weiterhin für uns tätig sein möchte.
Aufgrund eines Vorgesetztenwechsels in unserer Kindergruppe wurde dieses Zwischenzeugnis erstellt. Wir wünschen Frau Kinstler für ihre weitere Zukunft alles Gute.

Stuttgart, den 26.3.2003
Unterschrift

Erzieherin

Kindergarten: Erzieherin
Dies ist ein sehr gutes Zeugnis. Der Arbeitgeber beschreibt zunächst kurz die berufliche Entwicklung von Frau Kinstler und anschließend das Arbeitsumfeld. Er weicht dann gelungen und überzeugend vom klassischen Aufbau eines qualifizierten Zeugnisses ab. Er bewertet die Aufgaben von Frau Kinstler im direkten Zusammenhang mit der Aufgabenbeschreibung. An folgenden Formulierungen wird diese Einschätzung deutlich: »Den Kindern begegnete sie geduldig und mit großem Einfühlungsvermögen«, »von Anfang an hatte sie keinerlei Schwierigkeiten Kontakt zu den Kindern herzustellen und durch zielgerichtetes pädagogisches Handeln unter anderem zu konstruktivem Spiel anzuleiten«. Durch die Verknüpfung deskriptiver mit wertenden Elementen werden Tätigkeitsbeschreibungen und Bewertung in einem ausgewogenen Verhältnis dargestellt.
Gesamturteil: sehr gut.

ZEUGNIS

Frau Tanja Hauschild, geboren am 02.07.1972, war in der Zeit vom 01.10.1997 bis zum 31.07.2003 in unserem Haus beschäftigt.

Frau Hauschild begann ihre Tätigkeit zunächst als Berufspraktikantin im Anerkennungsjahr, danach blieb sie als examinierte Altenpflegerin in unserem Hause. Während ihrer Tätigkeit als examinierte Altenpflegerin seit dem 01.10.1998 auf der Pflegestation 8 führte Frau Hauschild die Aufgaben im gesundheitspflegerischen Bereich selbstständig und eigenverantwortlich durch. Selbstverständlich hat sie zudem Aufgaben der Leitung, Planung und Organisation übernommen und stets zuverlässig und gewissenhaft ausgeführt.

Weiterhin sind im besonderen Maße die sozialpflegerischen Fähigkeiten von Frau Hauschild hervorzuheben. In der Betreuung desorientierter und psychisch veränderter alter Menschen brachte Frau Hauschild ihre psychologischen Kenntnisse, ihre Fähigkeit der sozialen Wahrnehmung und die Möglichkeit, biographisch orientiert zu arbeiten, sehr gut ein. Wie schon während ihrer Tätigkeit im Anerkennungsjahr übernahm Frau Hauschild Aufgaben in der Beschäftigung mit Einzelnen und in der Gruppe. Ihre Arbeit war durch Kreativität und Zuverlässigkeit gekennzeichnet.

Frau Hauschild verfügte über Fachkenntnisse, die sie im Laufe ihrer Tätigkeit durch eigene praktische Erfahrungen erweitern konnte. Sie hat die in ihrem Berufspraktikum absolvierten Tätigkeiten weiterhin zu unserer vollsten Zufriedenheit wahrgenommen. Den körperlichen und psychischen Belastungen in der Pflege und Betreuung alter Menschen ist sie in jeder Hinsicht voll gewachsen. Ihr Verhalten gegenüber Vorgesetzten und Kollegen war stets einwandfrei. Mit ihrer Fähigkeit zur Teamarbeit und zur Kooperation bildete sie einen außerordentlichen Bestandteil in der Arbeit der Pflegegruppe 15. Auch bei den übrigen Arbeitsbereichen in unserem Hause sowie bei den Bewohnern und deren Angehörigen war sie sehr geschätzt.

Frau Hauschild verlässt uns auf eigenen Wunsch. Wir danken Frau Hauschild für ihre Mitarbeit in unserem Hause und wünschen ihr für die Zukunft persönlich und beruflich alles Gute und weiterhin viel Erfolg.

Bayreuth, den 31.07.2003
Unterschrift

Altenpflegerin

Pflegeheim: Altenpflegerin
Dies ist ein sehr gutes Zeugnis, in dem Frau Hauschild durchgängig eine hervorragende Kompetenz bescheinigt wird. Der Arbeitgeber beschreibt umfassend Werdegang und Tätigkeiten, wobei er einzelne Aufgaben zum Teil unmittelbar bewertet (»In der Betreuung desorientierter und psychisch veränderter alter Menschen brachte Frau Hauschild ihre psychologischen Kenntnisse, ihre Fähigkeit der sozialen Wahrnehmung und die Möglichkeit, biographisch orientiert zu arbeiten, sehr gut ein.«). Das Sozial- und Führungsverhalten wird vertieft bewertet. Diese Eigenschaften sind für eine Altenpflegerin unverzichtbar. Frau Hauschild zeichnen sehr gute Fähigkeiten in diesen Bereichen aus (»Fähigkeit zur Teamarbeit und zur Kooperation«, »war bei den Bewohnern sehr geschätzt«).
Gesamturteil: sehr gut.

ZEUGNIS

Frau Sonja Gräfe, geboren am 17.8.1957 war vom 1.2.1994 bis zum 31.12.2003 bei uns als Krankenschwester beschäftigt.

Wir sind ein ambulanter Pflegedienst und betreuen mit ca. 80 Mitarbeitern Pflegebedürftige in ihrer häuslichen Umgebung und leisten bei den überwiegend älteren Menschen Grund- und Behandlungspflege und Anteile der hauswirtschaftlichen Versorgung. Grundlage dieser Versorgung sind die Verträge mit den Kranken- und Pflegekassen gemäß dem Sozialgesetzbuch V und XI. Neben den Pflegetätigkeiten gehört die Beratung von Pflegebedürftigen und die Vermittlung weiterer Hilfen zu unseren Aufgaben, dieses geschieht in enger Kooperation mit anderen Anbietern ambulanter Hilfen.

Frau Gräfe war als Krankenschwester bei uns tätig. Zu ihrem Aufgabengebiet gehörte die Grund- und Behandlungspflege, Teile der hauswirtschaftlichen Versorgung und die psychosoziale Begleitung der Patienten einschließlich der Betreuung von Sterbenden. Darüber hinaus übernahm sie zusammen mit der Einsatzleitung Aufgaben der Pflegeplanung sowie die Planung von weiteren Versorgungsmaßnahmen zusammen mit anderen sozialen Diensten, den Angehörigen und Ärzten. Die Behandlungspflege beinhaltete u.a. folgende Punkte: Überwachung der Medikamenteneinnahme, Bewegungsübungen, Legen und Pflege von Blasenkathetern, Wundpflege und Verbandwechsel, Einreibungen, Messungen der Vitalwerte, Injektionen, Versorgung der Patienten mit PEG-Sonden, Stomaversorgung und das Anlegen von Bandagen und Umschlägen.

An den von uns angebotenen Fortbildungsveranstaltungen nahm Frau Gräfe ebenso regelmäßig teil wie an den monatlichen Dienstbesprechungen. Auch die praktische Ausbildung der Praktikanten gehörte zu ihren regelmäßigen Aufgaben.

Frau Gräfe führte die von ihr übernommenen Tätigkeiten mit großer Sorgfalt und Genauigkeit aus, ihre Arbeitsweise war von Systematik und Verantwortungsbewusstsein geprägt. Sowohl den Klienten und ihren Angehörigen als auch den Ärzten und anderen sozialen Diensten war sie immer eine verlässliche und kompetente Ansprechpartnerin. Den notwendigen Kontakt zu neuen Patienten stellte sie schnell her und wurde von diesen als fachlich versierte und stets freundliche Pflegekraft geschätzt. Die Zusammenarbeit mit der Einsatzleitung war von Kooperationsbereitschaft und hoher Fachlichkeit geprägt, sodass ihr Rat vor allem auch bei der Versorgung schwerstpflegebedürftiger Patienten gefragt war. Die von ihr betreuten Praktikanten führte sie sehr zuverlässig in die ambulante Pflege ein. Frau Gräfe hat die ihr übertragenen Aufgaben stets zu unserer vollsten Zufriedenheit erledigt.

Wir verlieren mit Frau Gräfe eine von allen geschätzte Mitarbeiterin, die uns aufgrund eines Ortswechsels leider verlässt. Für die Zukunft wünschen wir ihr alles Gute und danken ihr für die geleistete Arbeit.

Bonn, den 31.12.2003
Unterschrift

Sonstige Dienstleistungen und freie Berufe

Privater häuslicher Pflegeverband: Krankenschwester
Dieses Zeugnis ist schulbuchmäßig. Der Verfasser beschreibt zunächst detailliert die Aufgaben und Zielsetzung des Unternehmens. So erhält der Leser bereits frühzeitig eine gute Übersicht über die zu bearbeitenden Aufgaben. Der Arbeitgeber stellt anschließend sehr ausführlich die Tätigkeiten von Frau Gräfe dar. Hier wird deutlich, dass allein die Bezeichnung »Krankenschwester« in diesem Zeugnis viel zu kurz gegriffen und die Aufgaben nicht annähernd beschrieben hätte. Nach der Tätigkeitsbeschreibung kommt der Arbeitgeber zu einer ausführlichen, sehr guten Beurteilung. Formulierungen wie: »Frau Gräfe führte die von ihr übernommenen Tätigkeiten mit großer Sorgfalt und Genauigkeit aus, ihre Arbeitsweise war von Systematik und Verantwortungsbewusstsein geprägt« oder »die Zusammenarbeit mit der Einsatzleitung war von Kooperationsbereitschaft und hoher Fachlichkeit geprägt« oder »hat die ihr übertragenen Aufgaben stets zu unserer vollsten Zufriedenheit erledigt« sind Bewertungen, die von höchster Wertschätzung zeugen. Abgerundet wird diese Einschätzung durch die Schlussformulierung, die deutlich macht, wie sehr der Arbeitgeber den zukünftigen Verzicht auf Frau Gräfe bedauert (»wir verlieren«, »die uns leider ... verlässt«).
Gesamturteil: sehr gut.

AUSBILDUNGSZEUGNIS

Frau Laila Bougha, geboren am 16.09.1981, war in unserer Kanzlei vom 03.08.2000 bis zum 09.01.2003 als Auszubildende für den Beruf der Rechtsanwalts- und Notargehilfin tätig. Anschließend beendete sie ihre Ausbildung hinsichtlich des Notariats in der Kanzlei Meier & Lippel in Bonn. Während der Ausbildung hat sich Frau Bougha mit der allgemeinen Büropraxis, der Stellung eines Rechtsanwalts in der Rechtspflege sowie den Rechten und Pflichten einer Auszubildenden vertraut gemacht. Insbesondere erlernte sie Buchführungswesen, Maschineschreiben und den Umgang mit der EDV. Sie erwarb vor allem Kenntnisse im Bürgerlichen Recht, insbesondere im Familien- und Arbeitsrecht sowie im Straf- und Prozessrecht. Im Bereich des Gebührenrechts hatte sie selbstständig Gebührenrechnungen anzufertigen.

Frau Bougha hat während ihrer Ausbildungszeit Kenntnisse in allen Bereichen erworben, die zum Berufsbild der Rechtsanwalts- und Notargehilfin gehören. Sie erwies sich insgesamt als sehr zuverlässig und verantwortungsvoll und bewies ein gutes Einfühlungsvermögen im Umgang mit den Mandanten. Besonders bemerkenswert ist der außergewöhnliche Fleiß, mit dem Frau Bougha tätig war. Anfängliche Sprachprobleme, bedingt dadurch, dass Deutsch nicht die Muttersprache von Frau Bougha ist, haben sich während der Ausbildung ganz entscheidend verbessert. Zusammenfassend kann gesagt werden, dass Frau Bougha alle ihr übertragenen Aufgaben stets zu unserer vollsten Zufriedenheit erledigt hat. Wir wünschen Frau Bougha alles Gute für ihren weiteren beruflichen Werdegang.

Pfronten, den 09.01.2003
Unterschrift

Ausbildung zur Rechtsanwalts- und Notargehilfin

ZEUGNIS

Frau Claudia Hoffmeister, geboren am 14.08.1966, war in der Zeit vom 01.01.1994 bis 30.06.2003 in unserer Praxis als Steuerfachgehilfin tätig.
Ihre Tätigkeit erstreckte sich auf folgende Gebiete:
- Führung von Mandantenbuchhaltungen und Lohn- u. Gehaltskonten über EDV einschließlich der hiermit zusammenhängenden Arbeiten,
- Erstellung von Jahresabschlüssen und Steuererklärungen überwiegend über EDV,
- zu ihrer Tätigkeit gehörte auch der persönliche Kontakt mit den Mandanten.

Frau Hoffmeister hat die ihr übertragenen Arbeiten selbstständig stets zu unserer vollen Zufriedenheit erledigt.
Frau Hoffmeister verlässt unsere Praxis auf eigenen Wunsch.
Wir wünschen ihr für die Zukunft alles Gute.

Köln, den 30.06.2003
Unterschrift

Steuerfachgehilfin

Rechts- und Steuerberatung: Ausbildung zur Rechtsanwalts- und Notarsgehilfin

Der Gesamteindruck dieses Zeugnisses ist zunächst sehr positiv. Der Arbeitgeber hat die Absicht, Frau Bougha ein sehr gutes Zeugnis zu schreiben (»sehr zuverlässig und verantwortungsvoll«, »gutes Einfühlungsvermögen im Umgang mit Mandanten«, »außergewöhnlicher Fleiß«, »stets zu unserer vollsten Zufriedenheit«). Mit den (gut gemeinten) Ausführungen über ihre Sprachprobleme verändert sich der sehr gute Eindruck jedoch. Mit diesen Anmerkungen im Zeugnis wird es Frau Bougha schwer fallen, eine neue Stelle zu finden. Der Arbeitgeber sollte das Zeugnis korrigieren und auf seine Einschätzung der Sprachbarrieren verzichten.
Gesamturteil: sehr gut (ohne Berücksichtigung der Ausführungen zur Sprache).

Rechts- und Steuerberatung: Steuerfachgehilfin

Nach einer mehr als neunjährigen Betriebszugehörigkeit und einer anspruchsvollen Tätigkeit fällt das Zeugnis lieblos aus. Der Arbeitgeber hatte offensichtlich kein Interesse, Frau Hoffmeister ein umfassendes und wohlwollendes Zeugnis auszustellen. Er beschreibt ihre Tätigkeiten in drei Spiegelstrichen. Die anschließende Bewertung fällt ebenso kurz aus und nimmt nur auf die Leistungen Bezug (»hat die ihr übertragenen Aufgaben stets zu unserer vollen Zufriedenheit erledigt«). Da zudem auf Aussagen zum persönlichen Verhalten verzichtet wird, kann davon ausgegangen werden, dass der Arbeitgeber keine hohe Meinung von Frau Hoffmeister hatte.
Gesamturteil: ausreichend.

4. Was noch zu bedenken ist

Wann muss ein Zeugnis geändert werden?

Arbeitgeber und Arbeitnehmer haben die Möglichkeit, eine Änderung des Zeugnisses herbeizuführen. Im ersten Kapitel wurde bereits erläutert, dass das Zeugnis bei Schreibfehlern, Flecken etc. zu ändern ist.

Als Arbeitgeber können Sie das Zeugnis in Ausnahmefällen widerrufen. Das ist dann zulässig, wenn Sie feststellen, dass Sie sich bei der Ausstellung geirrt haben und das Zeugnis (grobe) Unrichtigkeiten schwerwiegender Art enthält, die seine Verlässlichkeit im Kern berühren und zukünftigen Arbeitgebern einen Schaden zufügen würden. Haben Sie dem Arbeitnehmer Ehrlichkeit bescheinigt und stellen im Nachhinein fest, dass Sie von ihm bestohlen wurden, so würde dieses einen Widerruf rechtfertigen.

Bedenken Sie bitte, dass ein Widerruf nur bei schweren Fehleinschätzungen zulässig ist. Sie müssen das Zeugnis umgehend widerrufen und können nach Ausstellung eines neuen, geänderten Zeugnisses das alte Zeugnis zurückverlangen. Liegt die Erteilung des unrichtigen Zeugnisses weit zurück, dann ist ein Widerruf nicht mehr möglich. Wurden Sie aufgrund eines arbeitsgerichtlichen Urteils oder Vergleichs zur Formulierung eines bestimmten Zeugnistextes verpflichtet, kommt ein Widerruf ebenfalls nicht in Frage.

Der Arbeitnehmer kann eine Änderung bzw. Berichtigung des Zeugnisses verlangen, wenn es Schreibfehler enthält und wenn er der Auffassung ist, dass Sie ihn falsch beurteilt haben, dass wesentliche Tätigkeiten fehlen, oder dass Form und Inhalt des Zeugnisses nicht den gesetzlichen Anforderungen entsprechen. Der Arbeitnehmer darf allerdings nicht zu lange warten (bis etwa vier Monate), bis er die Änderung des Zeugnisses von Ihnen verlangt.

Ein Berichtigungsanspruch entfällt, wenn die angestrebten Änderungen unbedeutend sind. Unbedeutende Änderungen sind:

- die Ersetzung von Worten, die das gleiche bedeuten (z. B. »stets« statt »immer« oder »einwandfrei« statt »korrekt«,
- die Erwähnung von unwesentlichen Einzelleistungen (z. B. »Tanken des LKW« bei Kraftfahrern).

Haftet der Arbeitgeber für den Zeugnisinhalt?

Als Arbeitgeber haften Sie für den Zeugnisinhalt gegenüber dem Arbeitnehmer und gegenüber dem neuen Arbeitgeber. Wenn Sie dem Arbeitnehmer ein schlechtes oder unrichtiges Zeugnis ausstellen, ein Zeugnis zu spät oder gar nicht ausstellen oder sich weigern, das Zeugnis zu ändern, verstoßen Sie gegen die arbeitsvertragliche Fürsorgepflicht. Der Arbeitnehmer kann Sie dann auf Schadenersatz verklagen. Sollte das Arbeitsgericht der Klage folgen, müssen Sie alle Schäden ersetzen, die dem Arbeitnehmer im Zusammenhang mit Ihrem Fehlverhalten entstanden sind. Dazu können sein Verdienstausfall wegen einer verpassten neuen Stelle ebenso zählen wie Kosten aufgrund zusätzlicher Bewerbungen und Vorstellungsgespräche. Auch gegenüber dem neuen Arbeitgeber können Sie wegen unrichtiger Zeugniserteilung unter Umständen schadenersatzpflichtig werden.

> **Beispiel:** Der Arbeitgeber schreibt seinem ausscheidenden Buchhalter folgenden Passus in das Zeugnis: »Wir kennen Herrn Tutschner als einen zuverlässigen und verantwortungsbewussten Mitarbeiter. Er hat seine ihm übertragenen Aufgaben zu unserer vollen Zufriedenheit erfüllt.« Tatsächlich hat Herr Tutschner in der Firma Beträge in Höhe von 150.000,- Euro unterschlagen. Mit seinem Zeugnis bewirbt sich Herr Tutschner erfolgreich bei einer neuen Firma. Auch hier unterschlägt er Gelder in Höhe von 75.000,- Euro. Wegen des entstandenen Schadens verlangt der neue Arbeitgeber vom früheren Arbeitgeber erfolgreich Schadenersatz in Höhe von 75.000,- Euro.

Dem neuen Arbeitgeber entsteht ein Schaden, wenn er den Arbeitnehmer aufgrund eines unrichtigen Zeugnisses eingestellt hat und dann geschädigt wird. Voraussetzung für die erfolgreiche Geltendmachung von Schadenersatzforderungen ist, dass dem alten Arbeitgeber die Unrichtigkeit des Zeugnisses bekannt war und er damit rechnen musste, dass dem neuen Arbeitgeber ein Schaden entstehen könnte. Das gleiche gilt, wenn Ihnen die Unrichtigkeit des Zeugnisses erst später bekannt wird. Dann muss der neue Arbeitgeber – sofern die Möglichkeit besteht – sofort informiert werden, um ihn vor einem Schaden zu bewahren.

Gehen Sie nicht leichtfertig mit dem Ausstellen des Zeugnisses um, indem Sie zu wohlwollend sind und wesentliche – vor allem strafrechtlich relevante – Verhaltensweisen des Arbeitnehmers verschweigen. Der neue Arbeitgeber hat ein berechtigtes Interesse, die strafbaren Handlungen des Arbeitnehmers zu erfahren. Andernfalls nehmen Sie billigend in Kauf, dass ihm ein Schaden entsteht, bei dem Schadenersatzforderungen die Folge sein könnten.

> **TIPP:**
>
> Hat der Arbeitnehmer während seiner Beschäftigungszeit strafbare Handlungen begangen, die in unmittelbarem Zusammenhang zu seinem Arbeitsverhältnis stehen, so verschweigen Sie diese nicht.

Und wenn es Streit ums Zeugnis gibt?

Zeugnisauseinandersetzungen werden, sofern man sich nicht vorher einigt, im Urteilsverfahren vor dem Arbeitsgericht ausgetragen. Besteht eine besondere Eilbedürftigkeit, so kann der Anspruch auf Zeugniserteilung im Ausnahmefall auch im Wege der einstweiligen Verfügung durchgesetzt werden.

Wenn Sie kein Zeugnis geschrieben haben oder der Arbeitnehmer mit dem Inhalt des Zeugnisses nicht zufrieden ist, kann er beim Arbeitsgericht eine Klage einreichen. Er muss in seiner Klage schlüssig den Anspruch auf Erteilung oder Berichtigung des Zeugnisses behaupten. Hält der Arbeitgeber dem entgegen, das Zeugnis sei vollständig und richtig, so liegt die Darlegungs- und Beweislast dafür allein bei ihm. Dafür empfiehlt es sich, Unterlagen (z. B. Zwischenzeugnisse, schriftliche Abmahnungen etc.) vorzulegen oder vorgesetzte Mitarbeiter als Zeugen zu benennen. Das Gericht entscheidet dann, ob es die Vernehmung von Zeugen für notwendig hält und sie vorlädt.

In der ersten Instanz kommt es zunächst zu einer Güteverhandlung. Dazu werden beide (Streit-)Parteien eingeladen und der vorsitzende Richter vermittelt zwischen Arbeitgeber und Arbeitnehmer, um eine gütliche Einigung zu bewirken. Bleibt dieses Bemühen erfolglos, so setzt er einen »Termin zur streitigen Verhandlung« an. Beim Termin ist die Kammer des Arbeitsgerichts anwesend (zwei ehrenamtliche Richter und ein Berufsrichter als Vorsitzender). Einigen sich die Parteien nicht, ergeht ein Urteil. Dieses Urteil ist – auch ohne dass es rechtskräftig geworden ist – vorläufig vollstreckbar. Der Arbeitnehmer kann dann die Zwangsvollstreckung unter Androhung von Zwangsgeld oder Zwangshaft gegen den Arbeitgeber sofort betreiben. Es gilt allerdings zu beachten, dass im Zwangsvollstreckungsverfahren nicht die inhaltliche Richtigkeit des Zeugnisses überprüft wird, sondern nur, ob der Arbeitgeber seiner gerichtlichen Verpflichtung durch das Erteilen eines Zeugnisses nachgekommen ist.

Unabhängig davon, wer das Verfahren in der ersten Instanz gewinnt, hat jede Partei ihre Kosten selbst zu tragen. Dazu gehören insbesondere auch die Kosten des eigenen Prozessvertreters.

Sollte das Verfahren in der zweiten (Landesarbeitsgericht) und ggf. dritten (Bundesarbeitsgericht) Instanz weitergeführt werden, so liegt die gesamte Kostenlast bei der Partei, die den Prozess verliert. Werden vom Gericht Zeugnisformulierungen geändert, ergänzt oder neu formuliert, so muss der Arbeitgeber sie übernehmen und darf sie nicht mehr eigenmächtig ändern. Im Zeugnis darf auch nicht darauf verwiesen werden, dass die Formulierungen vom Arbeitsgericht vorgegeben wurden.

Anhang

Gesetzliche Grundlagen

§ 630 Bürgerliches Gesetzbuch (BGB)
»Bei der Beendigung eines dauernden Dienstverhältnisses kann der Verpflichtete von dem anderen Teile ein schriftliches Zeugnis über das Dienstverhältnis und dessen Dauer fordern. Das Zeugnis ist auf Verlangen auf die Leistungen und die Führung im Dienste zu erstrecken.«

§ 73 Handelsgesetzbuch (HGB)
»Bei der Beendigung des Dienstverhältnisses kann der Handlungsgehilfe ein schriftliches Zeugnis über die Art und Dauer der Beschäftigung fordern. Das Zeugnis ist auf Verlangen des Handlungsgehilfen auch auf die Führung und die Leistung auszudehnen.«

§ 113 Gewerbeordnung (GewO)
»(1) Beim Abgange können die Arbeiter ein Zeugnis über die Art und Dauer ihrer Beschäftigung fordern.
(2) Dieses Zeugnis ist auf Verlangen der Arbeitnehmer auch auf ihre Führung und ihre Leistungen auszudehnen.
(3) Den Arbeitgebern ist untersagt, die Zeugnisse mit Merkmalen zu versehen, welche den Zweck haben, den Arbeitnehmer in einer aus dem Wortlaut des Zeugnisses nicht ersichtlichen Weise zu kennzeichnen.
(4) Ist der Arbeitnehmer minderjährig, so kann das Zeugnis von dem gesetzlichen Vertreter gefordert werden. Dieser kann verlangen, dass das Zeugnis an ihn, nicht an den Minderjährigen ausgehändigt werde. Mit Genehmigung der Gemeindebehörde des im § 108 bezeichneten Ortes kann auch gegen den Willen des gesetzlichen Vertreters die Aushändigung unmittelbar an den Arbeitnehmer erfolgen.«

§ 8 Berufsbildungsgesetz (BBiG)

»(1) Der Ausbildende hat dem Auszubildenden bei Beendigung des Berufsausbildungsverhältnisses ein Zeugnis auszustellen. Hat der Auszubildende die Berufsausbildung nicht selbstständig durchgeführt, so soll auch der Ausbilder das Zeugnis unterschreiben.

(2) Das Zeugnis muss Angaben enthalten über Art, Dauer und Ziel der Berufsausbildung sowie über die erworbenen Fertigkeiten und Kenntnisse des Auszubildenden. Auf Verlangen sind auch Angaben über Führung, Leistung und besondere fachliche Fähigkeiten aufzunehmen.«

Weiterführende Literatur

Backer, Anne, u. a., Arbeitszeugnisse. Entschlüsseln und mitgestalten. Freiburg 2002.

Dachrodt, Heinz-Günther, Zeugnisse lesen und verstehen. Köln 2001.

Dietz, Karlheinz, Arbeitszeugnisse ausstellen und beurteilen. Planegg 1999.

Dittrich, Helmut, Arbeitszeugnisse schreiben und verstehen. München 2001.

Hesse, Jürgen, und Schrader, Hans-Christian, Arbeitszeugnisse. Professionell erstellen, interpretieren, verhandeln. Frankfurt a. M. 2002.

Kador, Fritz-Jürgen, und Kador, Tobias, Arbeitszeugnisse richtig lesen, richtig formulieren. Bergisch-Gladbach 2001.

Lucas, Manfred, Arbeitszeugnisse richtig deuten. Düsseldorf 2001.

Mauritz, Andreas, Arbeitszeugnisse formulieren und beurteilen. München 2003.

Nasemann, Andrea, Arbeitszeugnisse. Niedernhausen 2001.

Palandt (Putzo), Otto, Bürgerliches Gesetzbuch. München 2004.

Sabel, Herbert, Arbeitszeugnisse richtig schreiben und bewerten. Würzburg 2002.

Schaub, Günter, Arbeitsrechts-Handbuch. München.

Schulz, Georg-R., Alles über Arbeitszeugnisse. München 2003.

Register

Abfindung 53
Abmahnung 27
Abschlussfloskeln 54 f.
Angestellte, leitende 13
Arbeitnehmer 12, 13
arbeitnehmerähnliche Personen 12, 13
Arbeitsamt 51, 53
Arbeitsbefähigung 31, 32
Arbeitsbereitschaft 31
Arbeitsbescheinigung 15, 51 f.
– allgemeine 51
– nach § 133 Arbeitsförderungsgesetz (AFG) 20, 51
Arbeitserfolg 25, 31, 35
Arbeitsgericht 138
Arbeitsgerichtsprozess 18 f.
Arbeitsgüte 31, 34
Arbeitsleistung 20
Arbeitslosengeld 53
Arbeitslosenhilfe 53
Arbeitsmenge 31, 35
Arbeitsmotivation 31
Arbeitstempo 31
Arbeitsverhältnis, befristet 16, 67
Arbeitsverhältnis, Dauer 24
Arbeitsweise 31, 34
Arbeitswille 31
Aufgabenbeschreibung 21
Aufhebungsvertrag 18, 46, 56
Ausbilder 43
Ausbildungsberuf, Wechsel des 50
Ausbildungsbetrieb 50
Ausbildungszeugnis 15
Ausdrucksvermögen 31, 33
Ausgleichsquittung 19
Ausschlussfrist, tarifliche 16
Ausstellungsdatum 15, 60
Auszubildende 12, 13, 48

Beendigungsdatum 60
Beendigungsgrund 23, 60
Belastbarkeit 31, 33
Berichtigung 136
Berichtigungsanspruch 136

Berufsausbildungszeugnis 20, 48 f.
Beschäftigungsdauer 22
Beschäftigungszeit 13, 27
Betriebsleiter 17
Betriebsrat 22
Betriebsratstätigkeit 24, 45
Betriebszugehörigkeit 21
Beurlaubungen 23
Beurteilungskriterien 43 f.
Beweislast 138
Bewerbungsunterlage 46
Bewertung 30
Bundesarbeitsgericht 139

Darlegungslast 138
Dienstleistungen 115
Dienstreisen 23

Eigeninitiative 31
Entschädigung 53
Elternzeit 23

Fehlverhalten 27
Fehlzeiten 24, 45
Firmenbriefpapier 14
Fleiß 31
Förderung des beruflichen Fortkommens 38
Fortbildungsmaßnahmen 22, 24
Freiheitsstrafe 23
Führung 26, 37
Führungseigenschaften 37
Führungskräfte 17, 41, 44
Führungsqualitäten 37, 40, 41
Führungsverhalten 20, 38 ff.
Fürsorgepflicht 52, 137

geringfügig Beschäftigte 13
Gesamtbeurteilung 44
Gesamteindruck 60
Gesamtpersönlichkeit 27
Geschäftsführer 14
Gespräch 27
Gewerkschaft 22, 24, 45
Güteverhandlung 138

Haft 23
Haftung 18, 137
Handwerkskammer 50
Heilbehandlung 23

Industrie- und Handelskammer 50

Jugendvertretung 22

Kenntnisse 31, 32
Klage 138
Kollegen 37, 41
Können 31, 32
Krankheiten 23
Kunden 37, 41
Kündigung, fristlose 24
Kurzarbeit 23

Landesarbeitsgericht 139
Leiharbeitnehmer 14
Leistung 26, 28 ff.

Manteltarifvertrag 16
Meister 17
Motivation 31

Organmitglieder 14

Personalakte 28
Personalunterlagen 17
Praktikanten 13
Probezeit 13, 16

Qualifikation 21

Rahmentarifvertrag 16
Rechtsanwalt 15
Rechtsgrundlage 12

Schadenersatz 137
Schadenersatzanspruch 53
Selbstständigkeit 31
Sorgfalt 31
Sozialverhalten 37, 40, 41
Standardformulierungen 36
Stellenbeschreibung 22

Straftaten 37
Streik 23
Studium 23, 24

Tätigkeiten 24
Teilzeitbeschäftigte 13

Umgangsformen 39
Umschüler 48
Unterbrechungen 23
Unterschrift 15
Urlaub 23

Verantwortungsbereitschaft 37, 40 f.
Verhalten 37, 39
Verhandlungsgeschick 31, 35
Verjährung 16
Verschlüsselungen 60
Vertrauensperson der Schwerbehinderten 22
Verwirkung 16
Verzicht 18
Volontäre 13
Vorgesetzte 37, 41
Vorgesetztenwechsel 46
Vorstandsmitglieder 14

Wahrheit 11, 12, 27, 45
Wahrheitspflicht 37
Wehrdienst 23
Werdegang 22
Werkstudenten 13
Widerruf 136
Wohlwollen 38, 45

Zeugnis 136
– einfaches 20 ff.
– qualifiziertes 25 ff.
Zeugnisauseinandersetzungen 138
Zeugnissprache 36, 59 f.
Zeugnisverfasser 17
Zivildienst 23
Zuspätkommen 27
Zuverlässigkeit 31, 34
Zwischenzeugnis 15, 20, 46 ff.